CATEQUESE NA ESCOLA CATÓLICA

NÚCLEO DE CATEQUESE MARISTA (NUCAM)

CATEQUESE NA ESCOLA CATÓLICA

Dados Internacionais de Catalogação na Publicação (CIP)
(Câmara Brasileira do Livro, SP, Brasil)

Catequese na escola católica / Núcleo de Catequese Marista - Nucam. – São Paulo : Paulinas, 2010. – (Coleção catequese na escola)

Bibliografia
ISBN 978-85-356-2704-6

1. Catequese - Escola Católica   2. Evangelização   3. Marista do Brasil Centro-Norte   4. Programa de catequese da Província   I. Núcleo de Catequese Marista - Nucam.   II. Série.

10-08945   CDD-268.82

Índice para catálogo sistemático:
1. Catequese : Escola Católica   268.82

Direção-geral: *Flávia Reginatto*
Editores responsáveis: *Vera Ivanise Bombonatto*
e Antonio Francisco Lelo
Copidesque: *Ir. José Machado Dantas*
e Mônica Elaine G. S. da Costa
Coordenação de revisão: *Marina Mendonça*
Revisão: *Ana Cecilia Mari*
Direção de arte: *Irma Cipriani*
Assistente de arte: *Sandra Braga*
Gerente de produção: *Felício Calegaro Neto*
Projeto gráfico: *Manuel Rebelato Miramontes*
Ilustração de capa: *Cláudio Pastro*

Nenhuma parte desta obra poderá ser reproduzida ou transmitida por qualquer forma e/ou quaisquer meios (eletrônico ou mecânico, incluindo fotocópia e gravação) ou arquivada em qualquer sistema ou banco de dados sem permissão escrita da Editora. Direitos reservados.

Paulinas
Rua Dona Inácia Uchoa, 62
04110-020 – São Paulo – SP (Brasil)
Tel.: (11) 2125-3500
http://www.paulinas.org.br – editora@paulinas.com.br
Telemarketing e SAC: 0800-7010081
© Pia Sociedade Filhas de São Paulo – São Paulo, 2010

SIMBOLOGIA DA CAPA

O Caminho de Emaús

O azul escuro corresponde à noite da Vigília Pascal, o tempo de trevas entre a Paixão e Morte do Senhor e Sua manifestação como Ressuscitado aos discípulos no caminho de Emaús. O mesmo sucede com os atuais discípulos na escuridão desse mundo.

O branco de fundo é a luz pascal do Senhor, luz nas trevas, que envolve os discípulos nesse caminho. Jesus, que quer seguir em frente, testemunha sobre si mesmo com a mão chagada no peito e aponta para as Escrituras (Antigo e Novo Ts.), pois elas falam exclusivamente sobre o Mistério do Senhor vivo entre nós.

Todos se entre-olham na admiração (o ardor do coração) que os fazem partícipes do mesmo e único Mistério: é o próprio Senhor que se coloca em seus (nossos) caminhos e se nos revela por Sua Palavra preparando-nos para a participação em Seus Sagrados Mistérios, a Eucaristia, o banquete do Novo Mandamento, o Amor, quando os olhos enxergam o que não se vê."

C. PASTRO

O caminho de formação do seguidor de
Jesus lança suas raízes na natureza dinâmica
da pessoa e no convite pessoal de Jesus
Cristo, que chama os seus pelo nome e
estes o seguem porque lhe conhecem a
voz. O Senhor despertava as aspirações
profundas de seus discípulos e os atraía
a si, maravilhados. O seguimento é fruto
de uma fascinação que responde ao desejo
de realização humana, ao desejo de vida
plena. O discípulo é alguém apaixonado por
Cristo, a quem reconhece como mestre que o
conduz e acompanha.

Documento de Aparecida, n. 277

SUMÁRIO

APRESENTAÇÃO 11

PREFÁCIO 15

INTRODUÇÃO 19

MARCO SITUACIONAL 23
    O CONTEXTO ATUAL E SUAS POSSIBILIDADES
    DE EVANGELIZAÇÃO 23
    A REALIDADE DA CATEQUESE 25
    A CATEQUESE NA PROVÍNCIA MARISTA DO BRASIL
    CENTRO-NORTE 30
    CUIDADOS E POSSIBILIDADES PASTORAIS PARA
    A CATEQUESE 33

MARCO DOUTRINAL 45
    NOSSA INSPIRAÇÃO, NOSSA MISSÃO 45
    A CATEQUESE: CAMINHO PARA O SEGUIMENTO DE JESUS CRISTO ... 49

MARCO OPERATIVO 57
    ORIENTAÇÕES GERAIS 57
    A CATEQUESE DE INICIAÇÃO À EUCARISTIA 62
    A CATEQUESE PARA O CATECUMENATO CRISMAL 68
    A CATEQUESE COM OS ADULTOS 73

BIBLIOGRAFIA 83

ANEXO 85
    DEPOIMENTOS SOBRE A CATEQUESE NA ESCOLA MARISTA 85

APRESENTAÇÃO

O encontro do Cristo Ressuscitado com os discípulos de Emaús na noite da Páscoa (Lc 24,13-35) é o protótipo de qualquer caminho catequético. Caminhar juntos, escutar aqueles que querem conhecer Jesus, aquecer nosso coração no contato com as Sagradas Escrituras, partilhar o pão e partir em missão, são os vários momentos de educação na fé.

Parabenizo a Coordenação de Evangelização e Pastoral dos Maristas por oferecer este subsídio a todos que desejam transmitir a mensagem de Jesus.

O livro apresenta seu conteúdo seguindo o método já bem conhecido entre nós: VER – ILUMINAR (JULGAR) – AGIR, que faz parte da nossa prática catequética. O "ver" é o *marco situacional*, o "iluminar" é o *marco doutrinal* e o "agir" é o *marco operativo*.

Vivemos numa *mudança de época* que necessita de um novo jeito de evangelizar. Mais do que transmitir doutrinas, a catequese tem como objetivo propiciar um encontro com Jesus. Citando palavras do Papa Bento XVI, o *Documento de Aparecida* diz: "[…] não se começa a ser cristão por uma decisão ética ou uma grande ideia, mas pelo encontro como um acontecimento, com uma Pessoa, que dá novo horizonte à vida e, com isso, uma orientação decisiva" (DAp, n. 12).

O *marco situacional* nos convida a estarmos atentos à evolução acelerada do mundo pós-moderno com as suas características de progresso científico e tecnológico, mas também com seu individualismo, hedonismo e consumismo. O educador da fé é chamado a estar presente entre as crianças, jovens e adultos, como Jesus com seus discípulos a caminho de Emaús.

A catequese depois do Concílio Vaticano II, principalmente a partir da publicação da *Dei Verbum* e da *Gaudium et Spes*, evoluiu muito. De uma catequese puramente doutrinal, passou-se a uma catequese existencial, cujo ponto de partida é a vida das pessoas, suas alegrias e tristezas, angústias e esperanças. Ela se tornou mais comunitária, mais transformadora e principalmente mais bíblica e litúrgica.

O *marco doutrinal* baseia-se no processo de inspiração catecumenal, a iniciação à vida cristã. Pede com insistência o *Documento de Aparecida*: "Impõe-se a tarefa de oferecer uma modalidade de iniciação cristã que, além de marcar o *quê*, dê também elementos para o *quem*, o *como* e o *onde* se realiza. Dessa forma, assumiremos o desafio de uma nova evangelização, à qual temos sido reiteradamente convocados" (DAp, n. 287). O objetivo da catequese é ajudar as pessoas a seguir Jesus – a amá-lo e a conhecê-lo –, inseri-las na vida de uma comunidade cristã e comprometê-las com a transformação do mundo.

O Ritual de Iniciação Cristã de Adultos (RICA), com seus quatro tempos – Pré-Catecumenato ou Primeiro Anúncio, Catecumenato, Purificação e Iluminação, e Mistagogia –, é de grande utilidade para que a nossa catequese seja mais existencial, bíblica e litúrgica. Recomendo o estudo deste Ritual publicado pela Congregação para o Culto Divino e aprovado pelo Papa Paulo VI em 1972. Uma catequese de estilo catecumenal trará grandes benefícios a nossa evangelização.

O *marco operativo*, seguindo o *Diretório Nacional de Catequese* (DNC), dá algumas orientações para a formação dos catequistas e propõe ações concretas de catequese para a iniciação à Eucaristia, para o catecumenato crismal e a catequese com adultos. "O catequista assume seu chamado com entusiasmo e como realização de sua vocação batismal" (DNC, n. 262). É testemunha da Palavra de Deus mais através de sua vida do que pelos discursos. Procura imitar os sentimentos e as atitudes de Jesus (cf. Fl 2,1-5).

CATEQUESE NA ESCOLA CATÓLICA

Ser catequista requer um bom conhecimento da Palavra de Deus, do Catecismo da Igreja Católica, da pluralidade cultural e religiosa, das mudanças que estão ocorrendo na sociedade, das opções pastorais da CNBB e da Igreja particular onde mora (cf. DNC, n. 269).

Ser catequista exige também uma grande capacidade de relacionar-se, de escutar, de aceitar a pluralidade e de comunicar-se com os outros.

Tudo na vida é uma questão de amor e de paixão. Por isso, gostaria de terminar com uma frase das Constituições, retomando uma frase do fundador dos Maristas, Pe. Champagnat: "Não posso ver uma criança sem sentir o desejo de ensinar-lhe o catecismo, sem desejar fazer-lhe compreender quanto Jesus Cristo a amou" (n. 2).

Dom Eugênio Rixen

Bispo de Goiás

Presidente da Comissão Episcopal Pastoral

para Animação Bíblico-Catequética

PREFÁCIO

A catequese é para todos os cristãos uma convocação ao anúncio. Para nós, Maristas, tem ainda um sentido e um chamado especial, pois Marcelino Champagnat afirma o seu despertar vocacional ao encontrar-se com um jovem que até aquele momento não conhecia as verdades. A partir daquele encontro fortalece em Champagnat o desejo de evangelizar crianças e jovens, de modo especial os mais pobres.

Ao desenvolver um programa que orientará a catequese em toda a Província, acreditamos contribuir com a propagação da educação da fé e com a convocação de fazer ecoar o Evangelho.

Nesse sentido, sonha-se com uma catequese no itinerário de Emaús... a caminho do encontro que seja capaz de "despertar crianças, adolescentes, jovens e adultos para o seguimento a Jesus Cristo e, no caminho do seguimento, acolher os sacramentos como sinais da graça salvadora de Deus que, por meio da Igreja, vêm fortalecer-nos nesse caminho, como discípulos e missionários do Ressuscitado" (p. 23).

É com imensa alegria que apresentamos o Programa de Catequese da Província Marista do Brasil Centro-Norte. Este documento vem carregado de muitas mãos na construção, nas consultas, estudos, questionamentos e celebrações. A elaboração e aprovação deste documento foram e continuam sendo muito celebradas por todo o grupo que assumiu o firme propósito de redefinir o caminho da catequese na Província e pelas pessoas que contribuíram para que ele chegasse ao formato final.

A Igreja sempre considerou a catequese como uma das suas tarefas primordiais. Cristo ressuscitado, antes de voltar para o Pai, deu aos apóstolos uma última ordem: "Ide, pois, fazer discípulos entre todas as nações, e batizai-os em nome do Pai, do Filho e do Espírito Santo. Ensinai-lhes a observar tudo o que vos tenho ordenado. Eis que estou convosco todos os dias, até o fim dos tempos" (Mt 28,19-20).

A Conferência Nacional dos Bispos do Brasil (CNBB) tem dado à catequese uma importância e um valor que se efetivam pela realização de cursos, encontros, celebrações, mobilizações, além da publicação de livros, revistas, e tantas outras iniciativas que demonstram tal responsabilidade.

A Escola Católica, ao desenvolver a catequese, poderá cumprir dupla missão: iniciar o processo de educação da fé cristã de crianças, adolescentes, jovens e adultos e contribuir com a preparação de evangelizadores por meio de um investimento salutar na formação dos catequistas. No Projeto Educativo da Escola Católica, Cristo é o fundamento em quem todos os valores humanos encontram sua plena realização e, a partir daí, sua unidade.

Muitos são os desafios a superar no processo de educação na fé. As limitações e obstáculos constatados levaram à elaboração deste Programa de Catequese, que tem o intuito de orientar, a partir dos documentos da Igreja e de publicações afins, os processos de catequese existentes, buscando sua constante renovação.

No presente documento observa-se que a catequese é um itinerário educativo, que vai além da transmissão de conteúdos doutrinais desenvolvidos nos encontros catequéticos.

Nesse itinerário educativo não podemos esquecer o aspecto celebrativo. Outrora, os discípulos de Emaús convidaram Jesus a participar da partilha do pão com eles, naquele fim de tarde. Hoje, os catequizandos são convidados para as celebrações que contribuirão com o sentido que dão à sua caminhada. Para isto o Programa propõe, particularmente:

CATEQUESE NA ESCOLA CATÓLICA

a) Celebração da Entrada no Catecumenato;
b) Celebração da Eleição ou Inscrição dos Nomes;
c) Celebração dos Sacramentos da Iniciação Cristã;
d) Celebração da Solenidade de Pentecostes.

Em suas instruções aos Irmãos, São Marcelino Champagnat repetia frequentemente este pensamento: "Um catecismo, entendo um catecismo bem dado, vale mais que as mais rigorosas penitências que vocês possam fazer. Um catecismo bem dado quer dizer: em primeiro lugar, preparado pelo estudo; segundo, regado pela oração; terceiro, ilustrado pelo bom exemplo; quarto, ao alcance das crianças por uma metodologia apropriada e um zelo criativo" (ensinamentos do Bem-Aventurado Champagnat).

Queremos que este Programa seja um serviço à Evangelização e à Igreja. Os catequistas que o utilizarem, façam-no como roteiro iluminador, como uma estrela que nos guia ao encontro de Jesus.

Que Maria, a Estrela da Evangelização, a primeira cristã e discípula de Jesus, abençoe este Programa de Catequese e ilumine os educadores e catequistas que irão aplicá-lo.

Ir. Wellington Mousinho de Medeiros, fms
Superior Provincial

INTRODUÇÃO

Naquele mesmo dia, o primeiro da semana,
dois dos discípulos iam para um povoado,
chamado Emaús, a uns dez quilômetros de Jerusalém.
Conversavam sobre todas as coisas que tinham acontecido.
(Lc 24,13-14)

Evangelizar por meio da educação, construindo uma Escola em Pastoral, é uma tarefa exigente. É um caminho cuja paisagem é marcada por desafios, alegrias, sonhos e possibilidades que se abrem. Tal paisagem é revestida pelo mistério que se revela na caminhada, surpreendendo-nos e provocando-nos para nos aventurarmos ainda mais. Todavia, adentrar nesse caminho requer de nós coragem, ousadia, criatividade e confiança na graça salvadora de Deus, que nunca falta aos seus. Assim foi o caminho dos viajantes de Emaús, assim é o caminho para a construção de uma Escola em Pastoral.

Nesse caminho de construção de uma Escola em Pastoral, merece atenção especial a catequese de nossas crianças, adolescentes, jovens e adultos. Ao mesmo tempo que faz parte de um caminho maior, a escola, a catequese se constitui também numa estrada que instiga os caminheiros à descoberta, ao encontro e à experiência do novo. Sonhamos com uma catequese no itinerário de Emaús... a caminho do encontro. "Optamos por estar presentes entre as crianças e os jovens, como Jesus com os discípulos a caminho de Emaús" (Missão Educativa Marista – MEM, n. 78).

Inspirados na surpreendente viagem dos caminheiros de Emaús e alimentados na esperança de trilharmos uma estrada rica de sentido, foi elaborado este Programa de Catequese para a Província Marista do Brasil Centro-Norte. Tal Programa se constitui em três partes básicas: *marco situacional, marco doutrinal* e *marco operativo*. Surgiu da necessidade de criar uma linguagem comum nas ações catequéticas da Província, devido a sua importância e amplitude. Cabe ressaltar que sistematizar as diversas experiências é permitir que elas estejam em sintonia, ganhem visibilidade e se fortaleçam na missão de "tornar Jesus Cristo conhecido, amado e seguido".

O *marco situacional* aponta, em linhas gerais, alguns elementos do contexto atual e suas possibilidades de evangelização; apresenta um breve resgate histórico da realidade da catequese e suas implicações no contexto da evangelização; por fim, mostra a situação da catequese na Província Marista do Brasil Centro-Norte. Os principais dados foram recolhidos através de uma pesquisa com os catequizandos, com os catequistas e com os gestores das Unidades Educacionais, realizada no ano de 2007, e em um levantamento sobre o funcionamento da catequese em 2008. Este diagnóstico nos revela limites e alguns desafios que precisamos enfrentar para avançarmos na consolidação de uma catequese que cumpra o seu papel como parte do processo de evangelização.

O *marco doutrinal* apresenta a nossa concepção de catequese enquanto processo de iniciação à vida cristã. Inspirado no episódio de Emaús, o processo de catequese deve se revestir da mística do encontro e se configurar num lugar de *escuta e aprendizado, partilha e compromisso*, uma vez que:

> [...] no centro do carisma de Marcelino Champagnat está a constante busca pelo modo mais eficaz de alcançar as crianças e os jovens. Seu exemplo inspira nossas intuições e energias criativas como apóstolos

maristas. Buscamos ser a face humana de Jesus no meio dos jovens, ali onde eles se encontram (MEM, n. 167).

O *marco operativo*, por sua vez, apresenta as orientações gerais para a operacionalização da catequese em suas diferentes etapas. Sinaliza algumas especificidades da catequese de iniciação à Eucaristia, do catecumenato crismal, da catequese com adultos e oferece um roteiro com os conteúdos que podem ser trabalhados nessas etapas da catequese. Nossas inspirações têm como fonte o *Ritual de Iniciação Cristã de Adultos* (RICA), adaptado para o universo infanto-juvenil nos livros *Iniciação à Eucaristia* e *Testemunhas do Reino*, do Núcleo de Catequese Paulinas – NUCAP.

Este Programa de Catequese deve ser considerado uma bússola, cuja função é oferecer indicativos para darmos unidade à catequese na Província Marista do Brasil Centro-Norte. Como escola católica, queremos "conduzir crianças e jovens ao encontro com Jesus Cristo vivo, Filho do Pai, irmão e amigo, Mestre e Pastor misericordioso, esperança, caminho, verdade e vida, e dessa forma à vivência da aliança com Deus e com os homens" (DAp, n. 336).

MARCO SITUACIONAL

Enquanto conversavam e discutiam,
o próprio Jesus se aproximou e começou a caminhar com eles. [...]
Então Jesus perguntou: "O que andais conversando pelo caminho?".
Eles pararam, com o rosto triste, e um deles, chamado Cléofas, lhe disse:
"És tu o único peregrino em Jerusalém que não sabe o que lá aconteceu nestes
dias?". Ele perguntou: "Que foi?". Eles responderam:
"O que aconteceu com Jesus, o Nazareno..."
(Lc 24,15-19)

O CONTEXTO ATUAL E SUAS POSSIBILIDADES DE EVANGELIZAÇÃO

Vivemos em um mundo de constantes contradições e de tamanha complexidade. As mudanças acontecem em frações de segundo, atingindo o planeta em seus extremos geográficos, devido ao fenômeno da globalização. Perpassa por nosso cotidiano uma sensação de crise e a insegurança nos afronta a todo instante. "Essa nova escala mundial do fenômeno humano traz consequências em todos os campos de atividade da vida social, impactando a cultura, a economia, a política, as ciências, a educação, o esporte, as artes e também, naturalmente, a religião" (DAp, n. 35).

A crise da modernidade se transformou numa era de desencantamento, marcada pela efemeridade, já que o duradouro e o universal perderam a credibilidade. Esse novo arranjo das relações sociais nos faz acreditar que a característica principal de nossos dias é a "centralidade no indivíduo".

Como as tradições, os metadiscursos, a razão universal passaram a oferecer respostas relativas às necessidades humanas, então, a ordem do dia é apelar para o indivíduo, num verdadeiro *salve-se quem puder*. "Não somente os valores das tradições religiosas foram perdendo terreno, mas qualquer sistema de significado que exigisse disciplina, rigor, sacrifício, fidelidade aos compromissos assumidos começou a ser posto de lado" (CNBB, 2005, p. 43).

É inegável que há uma tomada de consciência da personalidade e da dignidade de cada pessoa; cresce a busca pela emancipação do indivíduo como sujeito de direitos; aumentam os regimes democráticos; quebram-se os regimes autoritários, os diversos tabus e paradigmas; o ser humano luta pela liberdade, alimentando-se na ótica de alternativas que daí surgem. É notório que existe nele um desejo sadio de realizar-se, de construir-se com livre-arbítrio e com responsabilidade.

Por outro lado, parece que cada um tem direito de organizar a sua vida em função daquilo que julga verdadeiramente importante e válido; perdem-se as orientações, as tradições asseguradoras, os horizontes morais, a autoridade, a referência; ameaçam-nos a solidão, o isolamento, a indiferença; é difundida a ideologia do sucesso, do desempenho, da competitividade; experimenta-se a inércia do sem sentido, extremada por um consumismo desenfreado.

É no seio dessa cultura contraditória, efêmera, descontínua, plural que, como Igreja, somos chamados a evangelizar. É nesse contexto que a Igreja se situa como comunidade dos discípulos e discípulas de Jesus Cristo, vocacionada a evangelizar. Todavia, a tarefa da Igreja de evangelizar essa realidade, sem deixar de lado a sua identidade, consiste num desafio permanente. Isso está expresso nas palavras proféticas de Dom Helder Câmara: "A Igreja precisa mudar muito, continuamente, para ser sempre a mesma Igreja de Jesus Cristo, no Espírito". É claro que como Igreja não podemos

CATEQUESE NA ESCOLA CATÓLICA

nos deixar levar pela "onda", mas também não devemos nos fechar ao diálogo com as estruturas e com as pessoas.

Esses traços gerais da conjuntura atual trazem novos desafios para a nossa ação evangelizadora, sobretudo no que diz respeito à catequese. Como os peregrinos de Emaús, fonte de iluminação deste Programa de Catequese, vamos caminhando, inquietos, com as perguntas que emergem da realidade. Como iniciar na fé as crianças, os adolescentes, os jovens e os adultos neste tempo de mudanças radicais e rápidas? Estamos preparados para dialogar com esses sujeitos e seus anseios, sem imposição nem relativismos? Nossa metodologia está adequada à linguagem e situações vividas na atualidade?

Essas e outras indagações vão marcando as nossas andanças, confrontando-se com o nosso saber e com nossas experiências. Contudo, precisamos compreender que "espera-nos um tempo [...] não de facilidades, mas certamente de novas possibilidades, que permitirão tornar presente o Evangelho como instância de sentido também na nova civilização emergente" (BRIGHENTI, 2001, p. 29). Dificuldades e possibilidades devem ser um farol que ilumina o caminho e nos desafiam a lançar-nos no mundo sem pessimismo.

A REALIDADE DA CATEQUESE

Para compreendermos com maior propriedade a realidade da catequese e suas implicações no contexto da evangelização na atual lógica societária, faz-se necessário um breve resgate histórico. Adotamos como ponto de partida o Concílio Vaticano II e os desdobramentos que dele surgiram, com o intuito de dar visibilidade à trajetória da catequese, com seus avanços e desafios.

O Concílio Vaticano II, convocado pelo Papa João XXIII, em 25 de janeiro de 1959, trouxe um novo vigor à Igreja, que até então caminhava com certa resistência aos avanços da modernidade. Era preciso acertar o passo para dialogar com o mundo. Dessa forma, o Vaticano II foi um Concílio pastoral-eclesiológico, cuja finalidade principal não era redefinir as verdades fundamentais da fé, já sistematizadas nos concílios anteriores, mas encontrar uma maneira nova de apresentar essas verdades ao mundo em constantes transformações. Por isso, as duas palavras-chave para compreendermos a pastoral e a eclesiologia do Vaticano II são: *aggiornamento* e diálogo.

Aggiornamento é uma palavra italiana que significa atualização, renovação, rejuvenescimento. "É escutar, ir ao encontro, abrir-se às justas exigências do mundo de hoje, em suas profundas mudanças de estruturas, de modos de ser, inserindo-se nele para ajudá-lo. [...] Trata-se de uma abertura crítica ao mundo de hoje" (LORSCHEIDER, 2005, p. 13). Para que isso se tornasse possível era imprescindível o "diálogo da Igreja consigo mesma, com as outras Igrejas e, mesmo, com as outras religiões e o mundo dos não crentes. Sinônimo do diálogo: comunhão, participação, corresponsabilidade" (LORSCHEIDER, 2005, p. 13).

O conjunto de ensinamentos do Concílio Vaticano II, que trazia em seu bojo uma intensa renovação para a Igreja, foi recebido com fervor na América Latina e encontrou eco no coração do episcopado, conforme a II e III Conferência Geral do Episcopado Latino-Americano, respectivamente, em Medellín (1968) e Puebla (1979). Esse processo fez crescer a opção preferencial pelos pobres e jovens, fermentando uma Igreja profética, atenta aos sinais dos tempos e profundamente encarnada na realidade do seu povo.

Tais acontecimentos, com suas inspirações pastorais, abriram horizontes para a Igreja no Brasil nos difíceis anos da Ditadura Militar, e mais tarde animaram a sua ação no processo de redemocratização da nação brasileira.

CATEQUESE NA ESCOLA CATÓLICA

Tudo isso pode ser claramente percebido nos muitos documentos lançados pela CNBB com o intuito de nortear a ação evangelizadora da Igreja. Foi assim que a Igreja no Brasil, conforme o Documento n. 66 da CNBB, assumiu que a ação evangelizadora, cuja fonte é a Trindade, deve ser comunitário-participativa, bíblico-catequética, litúrgica, missionária, ecumênica e sociotransformadora. Essas dimensões da evangelização, inspiradas nos documentos conciliares, trouxeram novo vigor e nova roupagem para a ação das inúmeras comunidades eclesiais que compõem a Igreja no Brasil.

No que diz respeito à catequese, o espírito do Concílio Vaticano II trouxe uma nova configuração, tendo como ponto de partida a Constituição Dogmática *Dei Verbum*, sobre a Revelação Divina, com a intenção de expor a genuína doutrina acerca da Revelação e de sua transmissão. Tal Concílio prescreveu a redação de um Diretório para a instrução catequética do povo, cuja promulgação se deu em 11 de abril de 1971, pelo Papa Paulo VI, com o título de *Diretório Catequético Geral*.

Desde 1971, o *Diretório Catequético Geral* tem orientado as Igrejas particulares no longo caminho de renovação da catequese, propondo-se como válido ponto de referência, tanto no que diz respeito aos conteúdos quanto no que concerne à pedagogia e aos métodos a serem empregados. No entanto, com os avanços e desafios na caminhada da Igreja, diante das mudanças societárias e da elaboração e promulgação do *Catecismo da Igreja Católica* (CIC), em 1992, houve a necessidade de uma revisão de tal Diretório, com o intuito de adaptar esse precioso instrumento teológico--pastoral à nova situação e conveniência.

Esse processo de revisão aconteceu de maneira venturosa e sua publicação se deu em 15 de agosto de 1997. Sua finalidade é, obviamente, a mesma que norteava o texto de 1971: fornecer os princípios teológico--pastorais fundamentais, inspirados no Concílio Ecumênico Vaticano II e no Magistério da Igreja, aptos a orientar e coordenar a ação pastoral do ministério da Palavra e, de forma concreta, a catequese, e suscitar nas Conferências Nacionais a elaboração de seus Diretórios catequéticos.

Essa preocupação da Igreja com a catequese foi acolhida pela Igreja no Brasil e acarretou a elaboração do *Diretório Nacional da Catequese* (DNC), aprovado pela 43ª Assembleia Geral da CNBB, em 2005, cuja finalidade é adaptar à realidade brasileira as orientações contidas no *Diretório Geral da Catequese* (DGC) e retomar alguns princípios fundamentais do Documento n. 26 da CNBB: catequese renovada, orientações e conteúdos.

O DNC tem caráter mais teológico-pastoral do que jurídico-normativo. Seu objetivo consiste em estabelecer princípios bíblico-teológicos e pastorais para promover a renovação da mentalidade catequética; orientar o planejamento e a realização da atividade catequética nos diversos regionais e dioceses; coordenar as diversas iniciativas, de modo que se construa uma unidade no trabalho, sem tirar a desejada diversidade, o legítimo pluralismo e a variedade das expressões inculturadas; articular a ação catequética com as outras dimensões de nossa pastoral (litúrgica, comunitário-participativa, missionária, dialogal-ecumênica e sociotransformadora); estimular essa atividade, principalmente onde as comunidades sentem mais dificuldade na promoção da educação da fé; e guiar, com oportunas indicações de ação e de organização, o desenvolvimento geral da ação catequética.

No Instituto dos Irmãos Maristas a catequese ocupa, desde sua gênese, um lugar especial. O caso Montagne,[1] que marcou a vida do Pe. Champagnat, levou-o a fundar um Instituto de religiosos professores e catequistas. "Dizia muitas vezes: Não posso ver uma criança, sem sentir o desejo de ensinar-lhe o catecismo, sem desejar fazer-lhe compreender quanto Jesus Cristo a amou" (Constituições, n. 2). Em suas férias, além das

---

[1] Em 28 de outubro de 1816, o Pe. Champagnat, recém-ordenado, prepara à morte o adolescente João Batista Montagne, de dezesseis anos e meio. Nesse dia decide dar início à fundação do Instituto Marista.

atividades de orações, estudos, convivência com a família, reunia as crianças do vilarejo, onde sua família morava, e ensinava o catecismo, as orações. Pode-se dizer também que o Pe. Champagnat introduziu a catequese com adultos em sua época, pois aos domingos, após a missa, reunia-se com os adultos e falava sobre os mistérios da fé, os deveres cristãos e como aproveitar e vivenciar a missa e os ofícios litúrgicos.

A dedicação do Pe. Champagnat à catequese marcou a vida dos primeiros Irmãos Maristas e, ao longo desses quase duzentos anos de existência do Instituto, está presente na ação pastoral desenvolvida nas diferentes obras espalhadas pelo mundo. Conforme afirmam as Constituições e Estatutos dos Irmãos Maristas, "damos preferência à catequese. Dedicamo-nos inteiramente a esse ministério, conforme nossas aptidões, confiantes na ajuda do Senhor e na proteção de Maria" (Constituições, n. 86). Essa preferência pela catequese e a fidelidade do Instituto à Igreja leva-o a assumir a renovação da catequese provocada pelo Concílio Vaticano II e orientada nos anos seguintes.

A jovem Província Marista do Brasil Centro-Norte, fundada em 8 de dezembro de 2003, contava, na sua Constituição, com experiências satisfatórias de catequese nas suas diversas obras. Tais experiências eram desenvolvidas de acordo com a natureza das obras e as orientações das Igrejas locais. Com a promulgação do DNC em 2005, cujas orientações pastorais vêm provocando uma crescente renovação da mentalidade catequética na Igreja do Brasil, fez-se necessário promover uma avaliação da catequese na Província, identificando as dificuldades e conquistas, para que, como Igreja e com a Igreja, haja um avanço ainda maior no anúncio da Boa Notícia de Jesus Cristo.

A CATEQUESE NA PROVÍNCIA MARISTA DO BRASIL CENTRO-NORTE

A Comissão Provincial de Evangelização, constituída para articular e unificar os processos e iniciativas de evangelização da Província Marista do Brasil Centro-Norte, deu início ao seu trabalho fazendo um diagnóstico pastoral da realidade provincial. Para realizar a referida avaliação da realidade da catequese, foi criado um Grupo de Trabalho (GT) que propôs a realização de uma pesquisa sobre a catequese nas Unidades Educativas em 2007. Para que pudéssemos fazer uma análise da pesquisa, em 2008 foi realizado um levantamento sobre o funcionamento da catequese no que diz respeito ao tempo dos encontros, conteúdos trabalhados, formação dos catequistas, material utilizado atualmente. A pesquisa e os dados do levantamento contribuíram para avaliar a realidade da catequese na Província e confrontá-la com as orientações da Igreja.

Dados

A Província Marista do Brasil Centro-Norte está organizada em:

- Dezenove colégios particulares, cinco colégios sociais e seis unidades com Educação de Jovens e Adultos (EJA).
- A catequese é realizada em dezoito colégios e três escolas da EJA.
- Dezesseis colégios realizam encontros de preparação para a Primeira Eucaristia; onze fazem encontros de preparação para a Primeira Eucaristia e Crisma; três colégios têm grupos de Pré-Eucaristia.

Processos

- A catequese de Primeira Eucaristia acontece prioritariamente com educandos do quarto e quinto ano do Ensino Fundamental.

CATEQUESE NA ESCOLA CATÓLICA 31

- A catequese da Crisma com educandos, em sua maioria da primeira e segunda série do Ensino Médio.
- Quanto à idade, na Primeira Eucaristia estão na faixa etária de nove a onze anos e na Crisma, de quatorze a dezesseis anos.
- Os encontros acontecem semanalmente, com aproximadamente uma hora e trinta minutos de duração.

No que diz respeito às idades, a realidade nos aponta que as Unidades Educativas Maristas estão de acordo com as orientações das Igrejas locais, que definem essa mesma faixa etária para os catequizandos. Essa sintonia nos permite afirmar que há um processo, ainda que tímido, de integração da catequese da Unidade Educativa com a caminhada da Igreja local.

Subsídios e encontros

Os catequistas utilizam os seguintes subsídios para os encontros: Bíblia, livros formativos, livros de catequese arquidiocesanos, filmes bíblicos, músicas e outros materiais elaborados pela equipe de pastoral da escola. E como recursos didáticos: vídeos, rodas de conversa, dinâmicas de grupo, palestras, estudos em grupo e visitas a templos, museus e monumentos.

Outras atividades como: encontro e confraternização com catequizandos e seus familiares, encontros de formação, retiros, visitas a instituições, acampamento, Congresso Marial, missas para os catequizandos e encontros de convivência, também são realizadas. Merece destaque o retiro, que antecede a Primeira Eucaristia e a Crisma. Porém, são atividades esporádicas que nem todas as Unidades conseguem praticar durante o ano. E em relação às famílias, apesar de percebermos alguns sinais de envolvimento, é preciso fortalecer sua participação e interação no processo catequético.

Os catequizandos destacam os conteúdos que mais lhe chamam a atenção: bíblico-teológicos, cujo enfoque é o Novo Testamento; aspectos da vida cotidiana e a conjuntura de mundo. A segunda categoria de conteúdos refere-se aos aspectos doutrinários, tais como: orações, ritos celebrativos e sacramentos. Os crismandos citam alguns conteúdos voltados para a dimensão psicossocial, principalmente sobre afetividade e sexualidade. A dimensão de solidariedade é pouco mencionada nas respostas tanto dos catequizandos quanto dos catequistas.

Limitações e desafios

De modo geral, a pesquisa e o levantamento realizados nos possibilitaram enumerar as principais limitações da catequese na Província:

- dificuldade de adaptação dos conteúdos às faixas etárias;
- conteúdo focado na doutrina;
- periodicidade de preparação não atende ao processo de educação da fé;
- pouca articulação com a catequese paroquial e diocesana;
- característica escolar, focada na transmissão de conteúdo e pouco voltada à dimensão vivencial de iniciação dos catequizandos na fé cristã;
- necessidade de formação e acompanhamento dos catequistas;
- ausência de uma proposta provincial para a catequese que contemple a diversidade e conduza à unidade;
- carência de subsídios didáticos adequados à realidade dos catequizandos;
- pouca dinamização das atividades e do processo catequético na Unidade;
- ausência de experiências que aprofundem a dimensão humana, despertem a consciência ecológica e propiciem uma experiência mística com os catequizandos.

Os dados encontrados na pesquisa e no levantamento nos permitiram ainda evidenciar os seguintes desafios:

CATEQUESE NA ESCOLA CATÓLICA

- realizar, em todas as Unidades Educativas, uma catequese em consonância com as orientações da Igreja;
- garantir que a Palavra de Deus seja a fonte primeira da catequese;
- encontrar meios para que os processos de catequese tenham continuidade, visando à educação na fé;
- promover a inserção dos catequizandos e de seus familiares na comunidade eclesial;
- despertar e desenvolver o compromisso sociotransformador nos catequizandos e seus familiares.

As limitações e desafios constatados nos levaram à elaboração deste Programa de Catequese para a Província Marista do Brasil Centro-Norte, com o intuito de orientar, a partir dos documentos da Igreja, os processos de catequese existentes, buscando sua renovação. A estrada em direção a Emaús é longa e, ao caminharmos por ela, tomamos consciência da realidade. Com suas sombras e luzes, a realidade nos situa, enraíza-nos e evidenciam-se os passos necessários para avançarmos.

CUIDADOS E POSSIBILIDADES PASTORAIS PARA A CATEQUESE

Diante da trajetória da catequese na Igreja e na Província, e da finalidade da Educação Marista, devem ressoar em nosso coração as palavras do Mestre: "Ide, pois, fazer discípulos entre todas as nações, e batizai-os em nome do Pai, do Filho e do Espírito Santo. Ensinai-lhes a observar tudo o que vos tenho ordenado. Eis que estou convosco todos os dias, até o fim dos tempos" (Mt 28,19-20). Esse mandato missional do Senhor, ao mesmo tempo que nos impulsiona, convida-nos ao discernimento, do qual brotam alguns cuidados pastorais para que de fato essa ação seja evangelizadora e frutifique com vigor:

a) sensibilidade para não impor a catequese como finalidade última da escola;

b) prudência para não desenvolver uma pastoral paralela, competindo com a Paróquia;

c) atenção para não realizar uma catequese escolar;

d) zelo para não esvaziar a fé cristã.

a) Sensibilidade para não impor a catequese como finalidade última da escola. O fim último de uma escola católica é ensinar uma cultura evangelizada. A catequese é uma atividade dentro do projeto de evangelização, mas não pode ser a totalidade da ação pastoral de nossas Unidades Educativas. Tenhamos em mente o contexto plural de nossas escolas, entendendo que:

> A cidade cria nova sensibilidade em relação ao religioso. A fé tem uma palavra a dizer sobre essa realidade. Antes de tudo, deve resistir à tentação de querer recuperar o lugar de publicidade que tinha na região rural e nas pequenas cidades tradicionais. Existe uma nova percepção do público. Ele é o lugar do pluralismo, das diferentes propostas sociais e religiosas, sem que nenhuma queira impor-se (LIBANIO, 2001, p. 66).

b) Prudência para não enveredar por um caminho de paralelismo pastoral. A catequese em nossas escolas deve acontecer inserida na ação da Paróquia e sob as orientações pastorais da Diocese onde se localiza. Os catequistas e os responsáveis por tal catequese devem manter uma profunda interlocução com a coordenação paroquial de catequese em todos os sentidos. Não se pode viver no isolamento. A fé cristã só é vivida autenticamente na comunhão. Cabem aqui as palavras do Apóstolo Paulo: "Irmãos, eu vos exorto, pelo nome de nosso Senhor Jesus Cristo, a que estejais todos de acordo no que falais e não haja divisões entre vós" (1Cor 1,10). Todo o processo de catequese escolar deve ser vivido num espírito eclesial, como parte integrante da ação evangelizadora da Igreja.

c) Atenção para não realizar uma catequese escolar. A catequese não é aula; não tem professores; não é um componente da grade curricular da educação formal. Se, por um lado, as dependências da escola podem facilitar os encontros de catequese, devido aos diversos espaços e aos recursos pedagógicos disponíveis, por outro, pode levar o catequista a conduzir a catequese no mesmo ritmo das aulas e desmotivar os catequizandos. Cuidado para não se prender a livros, cadernos, quadros, textos e esquecer-se da vivência gradativa da fé, da dimensão do encontro, da oração, da partilha, uma vez que "não cremos em fórmulas, mas nas realidades que elas expressam e que a fé nos permite tocar" (CIC, n. 170).

Se a catequese acontece nas salas de aula, é preciso preparar um ambiente acolhedor e diferente daquele espaço de todo dia. Sempre que possível, levar os catequizandos para outros lugares fora da escola, sobretudo, para participarem de atividades propostas pela Paróquia. É fundamental o envolvimento da família na catequese dos filhos. "Não se pode imaginar uma catequese com jovens, adolescentes e crianças sem um trabalho específico com os pais" (CNBB, 2006, p. 162). Vale a recomendação de Medellín: partir dos filhos para chegar aos pais.

d) Zelo necessário para que a catequese não contribua com o esvaziamento da fé cristã. A conjuntura em que vivemos pode levar as pessoas a se agarrarem ao sagrado de forma extremada, traduzindo sua crença em certo fundamentalismo, fanatismo e euforia desenfreada, que transformam a fé cristã numa espécie de "refúgio" de quem não quer se "contaminar" pelas coisas do mundo. Segundo Libanio (2001, p. 61):

> O grande risco que corre a fé cristã é perder sua seiva profética e acomodar-se a este momento religioso atual, muito afinado com o neoliberalismo. No fundo, transforma-se mais em religião e menos em fé. Obriga a fé cristã, no entanto, a uma maior lucidez sobre a realidade social e a uma percepção mais clara de sua complexidade.

A catequese não pode alimentar essa perspectiva. Muito cuidado para não sermos católicos demais e cristãos de menos. O próprio Jesus nos adverte: "Ai de vós, escribas e fariseus hipócritas! Pagais o dízimo da hortelã, da erva-doce e do cominho, e deixais de lado os ensinamentos mais importantes da Lei, como o direito, a misericórdia e a fidelidade" (Mt 23,23). O processo catequético deve contribuir de forma gradativa para que todos abracem a fé cristã na sua dimensão profética, abertos à realidade, dispostos a dar testemunho no mundo. Cabem aqui as palavras de Bruno Forte (1991, p. 128):

> Se a reflexão crente fosse memória sem companhia, seria nostalgia estéril, recordação morta; se fosse companhia sem memória, seria ideologia presunçosa ou pura sociologia; enquanto é ao mesmo tempo memória e companhia, ela é também e propriamente pensamento profético, significativo e transformante para o presente do mundo.

Desse mesmo processo, que requer cuidados pastorais, brotam algumas possibilidades que merecem ser compreendidas e intensificadas para fortalecimento da catequese em nossas escolas. Novamente nosso coração se renova com as palavras do Mestre a Pedro: "'Simão, filho de João, tu me amas?' [...] 'Sim, Senhor, tu sabes que te amo'. Jesus lhe disse: 'Apascenta minhas ovelhas'" (Jo 21,16). Apascentar as ovelhas requer atenção aos sinais

CATEQUESE NA ESCOLA CATÓLICA

dos tempos para identificarmos as possibilidades pastorais. Destacamos algumas:

a) formar catequistas num ideal de ministério da catequese;

b) dimensionar a presença no cotidiano das famílias e a catequese familiar;

c) despertar as famílias para a participação na vida da Igreja;

d) desenvolver a dimensão de solidariedade com os catequizandos;

e) fortalecer o protagonismo infantojuvenil;

f) cultivar a devoção a Maria, como mãe e mestra, na escola de Jesus.

a) Formar catequistas num ideal de ministério da catequese. Essa é uma tarefa que requer empenho, dedicação e ousadia. Nossos catequistas precisam não só ser reconhecidos em sua vocação de evangelizadores, como também bem preparados para desempenhar sua missão. O DNC, fundamentado no *Diretório Geral de Catequese* e no *Código de Direito Canônico* (CDC), declara: "Aos catequistas reconhecidamente eficientes como educadores da fé de adultos, jovens e crianças, e dispostos a se dedicarem por um tempo razoável à atividade catequética na comunidade, pode ser conferido oficialmente o ministério da catequese" (CNBB, 2006, p. 195).

Nossas escolas, ao desenvolverem a catequese, poderão cumprir dupla missão: iniciar no processo da fé cristã crianças, adolescentes, jovens e adultos e contribuir com a preparação de evangelizadores através de um investimento salutar na formação dos catequistas. Dentre as muitas dimensões da formação, o DNC insiste que o catequista deve "assumir uma espiritualidade de identificação com Jesus Cristo, sustentada pelo testemunho cotidiano de justiça e solidariedade, pela Palavra de Deus, pela Eucaristia e pela missão" (CNBB, 2006, p. 202).

O cultivo da espiritualidade dá vigor à missão do catequista, pois "nos leva ao engajamento temperado por prudência, a uma ação temperada pela contemplação, à competência temperada pela simplicidade" (SANCHES, 2008, p. 10). Nesse horizonte, a vida de oração merece uma atenção especial, pois é fundamental para o catequista. O seu testemunho vai suscitar nos catequizandos o mesmo que o testemunho de Jesus suscitou nos seus discípulos: "Senhor, ensina-nos a orar, como também João ensinou a seus discípulos" (Lc 11,1). O testemunho toca, comove, provoca abertura no coração. Olhemos para o Mestre, pois, "Ao orar, Jesus já nos ensina a orar. [...] Como pedagogo, ele nos toma onde estamos e, progressivamente, nos conduz ao Pai" (CIC, n. 2607).

A missão do catequista deve ser expressão de sua vocação, como Dom Eugênio Rixen (2008) destaca, ou seja, nutrir e manter acesa a chama da esperança e da fé, pedindo ao Senhor que permaneça nas famílias, nas comunidades, na Igreja-Comunhão, espaço privilegiado da partilha, onde todos se sentem família, membros de um só corpo. Reconhecem o Cristo partido e repartido, não somente na Eucaristia, mas na vida dos irmãos e irmãs, para que a Boa-Nova chegue aos corações e desperte a solidariedade, a inclusão e a justiça.

b) Dimensionar a presença no cotidiano das famílias e a catequese familiar. Em interação com a Igreja local, o Colégio Marista se tornará cada vez mais um lugar onde se encontrará um sentido para a vida. Que a presença marcante dos catequistas na vida dos catequizandos e o trabalho de parceria estabelecido com as famílias, passo a passo, tornando-se canais para que o Evangelho chegue ao coração das pessoas, possam tocá-las, despertando-as para um encontro com o Senhor Ressuscitado É ele quem nos diz: "Se conhecesses o dom de Deus e quem é aquele que te diz: 'Dá-me de beber', tu lhe pedirias, e ele te daria água viva" (Jo 4,10).

CATEQUESE NA ESCOLA CATÓLICA

Ao encontrar em nosso ambiente escolar uma instância de sentido para a vida de seus filhos, e alternativas como a catequese, muitas famílias intensificarão seus vínculos com a escola, se abrirão para um processo de conversão, tornando possível um desejo histórico da Igreja: "A catequese familiar é, de certo modo, insubstituível, antes de tudo, pelo ambiente positivo e acolhedor, persuasivo pelo exemplo dos adultos, e pela primeira explícita sensibilização e prática da fé" (DGC, n. 178).

Embora não seja uma tarefa fácil, uma vez que muitos adultos foram catequizados, mas não iniciados na fé cristã, devemos nos empenhar por esse caminho, pois "enquanto a família não for capaz de contribuir para isso, o catequista e a comunidade têm uma tarefa ainda mais delicada e urgente, a ser desenvolvida com sensibilidade e carinho" (CNBB, 2006, p. 163). Algumas experiências já apontam resultados. Segundo o *Documento de Aparecida* (n. 303, p. 140):

> A catequese familiar, implementada de diversas maneiras, tem-se revelado como ajuda proveitosa à unidade das famílias, oferecendo, além disso, possibilidade eficiente de formar os pais de família, os jovens e as crianças para que sejam testemunhas firmes na fé em suas respectivas comunidades.

c) Despertar, por meio da catequese, crianças, adolescentes, jovens, adultos e seus familiares para a realidade eclesial de que, até então, estavam distantes. É possível que muitos retornem ao seio da Igreja, de onde, por algum motivo, haviam se afastado, com o objetivo de alimentarem sua fé, uma vez que:

> [...] a salvação vem exclusivamente de Deus, mas, por recebermos a fé por meio da Igreja, esta última é nossa mãe: nós cremos na Igreja como a mãe de nosso novo nascimento, e não como se ela fosse a autora de nossa

salvação. Por ser nossa mãe, a Igreja é também a educadora de nossa fé (CIC, n. 169).

Nosso processo de catequese precisa ajudar a todos a cultivarem um amor incondicional por Jesus e também a amar a Igreja, já que desde o início de sua vida terrena o Senhor a quis: "Caminhando à beira do mar da Galileia, Jesus viu dois irmãos: Simão, chamado Pedro, e seu irmão André. Estavam jogando as redes ao mar, pois eram pescadores. Jesus disse-lhes: 'Segui-me, e eu farei de vós pescadores de homens'" (Mt 4,18).

O amor pela Igreja não pode ser confundido com fanatismo e/ou alienação, mas deve nos levar a um amadurecimento eclesial capaz do discernimento. Através de uma catequese benfeita, muitas vocações poderão surgir para a Igreja: leigas, vida religiosa e ministérios ordenados. O processo de iniciação dos filhos pode ser também um processo de recomeço da família.

d) Desenvolver a dimensão de solidariedade com os catequizandos. Neste mundo marcado por estruturas injustas que ferem a dignidade da pessoa humana, exacerbando cada vez mais as desigualdades sociais, é urgente que toda ação evangelizadora e, como tal, a catequese, sobretudo no contexto escolar, caminhem na direção da construção de uma "Civilização do Amor",[2] em que devem imperar a solidariedade e a justiça, conforme nos ensina Jesus: "Mas um samaritano, que estava viajando, chegou perto dele, viu, e moveu-se de compaixão. Aproximou-se dele e tratou-lhe as feridas, derramando nelas óleo e vinho. Depois, colocou-o em seu próprio animal e o levou a uma pensão, onde cuidou dele" (Lc 10,33-34). O Documento n. 85 da CNBB sobre a evangelização da juventude diz:

---

[2] Uma importante reflexão sobre esse tema encontra-se no *Compêndio da Doutrina Social da Igreja*, pp. 319 a 324.

CATEQUESE NA ESCOLA CATÓLICA

A evangelização dos jovens não pode visar somente a suas relações mais próximas – como o grupo de amigos, a família –, a amizade, a fraternidade, a afetividade, o carinho, as pequenas lutas do dia a dia. A ação evangelizadora deve também motivar o envolvimento com as grandes questões que dizem respeito a toda a sociedade, como a economia, a política e todos os desafios sociais de nosso tempo (n. 83, p. 57).

Dessa forma, nossa catequese pode constituir um dos lugares favoráveis para desenvolver atitudes solidárias que façam a diferença no cotidiano dessa sociedade desigual, uma vez que é "da solidariedade que depende a paz mundial" (CIC, n. 1941). Não é como um voluntariado educativo que legitima as práticas excludentes e reforça a falência do Estado, mas como uma educação para a cidadania que recupera a noção de direitos sociais, de luta coletiva, nos rumos da construção de uma nova ordem societária. Vale aqui uma especial atenção às palavras de Bento XVI (2006, p. 32): "A Igreja é a família de Deus no mundo. Nessa família não deve haver ninguém que sofra por falta do necessário. Ao mesmo tempo, porém, a *caritas-agape* estende-se para além das fronteiras da Igreja".

e) Fortalecer o protagonismo infantojuvenil. "Para além do discurso corrente de que os jovens de hoje não participam, são desinteressados e alienados, alguns estudos recentes têm demonstrado que os jovens desejam participar ativamente da vida social, têm muitas sugestões do que deve ser feito para melhorar a situação do país e querem dar sua contribuição" (CNBB, Doc. n. 85, n. 39, p. 30). Por sua vez, a catequese, fundamentada no Diretório Nacional que considera os destinatários como interlocutores do processo catequético, pode se revelar um importante espaço de participação em que a criança, o adolescente, o jovem e o adulto podem desenvolver

e exercitar a capacidade de sentir, de sonhar, de saber e de poder expressar-
-se com maior liberdade e criatividade. Tenhamos como referência o próprio Jesus, que "ia crescendo em sabedoria, em tamanho e graça diante de
Deus e dos homens" (Lc 2,52).

f) Cultivar a devoção a Maria, como mãe e mestra, na escola de Jesus.
Marcelino Champagnat, durante sua vida, cultivou uma espiritualidade
marial, deixando-a como herança para seus Irmãos. Ele tinha a mãe de
Jesus como Primeira Superiora do Instituto e a chamava carinhosamente
de "Boa Mãe". Inspirado por ela, vivenciou as três virtudes de um autênti-
co Marista: humildade, simplicidade e modéstia. Herdeiros dessa tradição,
em nosso itinerário de catequese, ajudaremos os catequizandos a descobrir
Maria, a "Virgem que cooperou para a salvação humana com livre fé e obe-
diência" (CIC, n. 511). Ela deve inspirar nosso trabalho na catequese como
educadora de Jesus e evangelizadora da primeira comunidade: "Todos eles
perseveravam na oração em comum com algumas mulheres – entre elas
Maria, mãe de Jesus" (At 1,14). Ela é modelo de seguimento, como se vê em
Jo 19,25: "Junto à cruz de Jesus, estavam de pé sua mãe e a irmã de sua mãe,
Maria de Cléofas, e Maria Madalena".

Maria é a estrela da evangelização, a mulher pascal que confia na ressurreição. Sustentada pela sua fé, dá testemunho de seu "sim" ao projeto
de Deus até as últimas consequências. No entanto, "O que a fé católica
crê acerca de Maria funda-se no que ela crê acerca de Cristo, mas o que
a fé ensina sobre Maria ilumina, por sua vez, sua fé em Cristo" (CIC, n.
487). Cabe-nos cultivar em nossa catequese essa dimensão marial, sempre
atentos às palavras do Concílio Vaticano II: "Com todo o empenho exorta

os teólogos e os pregadores da palavra divina a que, na consideração da singular dignidade da Mãe de Deus, se abstenham com diligência, tanto de qualquer falso exagero quanto da demasiada estreiteza de espírito" (*Lumen Gentium*, n. 67).

MARCO DOUTRINAL

Então ele lhes disse: "Como sois sem inteligência e lentos para crer em tudo o que os profetas falaram! Não era necessário que o Cristo sofresse tudo isso para entrar na sua glória?". E, começando por Moisés e passando por todos os Profetas, explicou-lhes, em todas as Escrituras, as passagens que se referiam a ele.
(Lc 24,25-27)

NOSSA INSPIRAÇÃO, NOSSA MISSÃO

Retornamos ao episódio de Emaús, nosso ponto de partida, neste processo no qual buscamos evidenciar nossos referenciais. Voltemo-nos para o texto de Lucas (24,13-35) e, dentre as possibilidades de interpretação, tomemos os dois caminheiros, ou o casal de peregrinos, como sendo a comunidade que caminhava desalentada, sem sentido, pois estavam "sem Cristo, excluídos da cidadania em Israel e estranhos às alianças da Promessa, sem esperança e sem Deus no mundo" (cf. Ef 2,12). Em meio a esse emaranhado de incertezas e angústias, "o próprio Jesus se aproximou e começou a caminhar com eles" (Lc 24,15), com o intuito de restituir sentido à vida da comunidade. Nesse percurso, ele não despreza a lei, tão importante para um judeu fiel. Ao contrário, começa a instruí-los a partir dela e mostra-lhes que isto os levará, sem dúvida alguma, à ressurreição do Senhor, experimentada e perpetuada na Eucaristia que congrega a comunidade dos seguidores.

O texto da comunidade de Lucas nos remete a um encontro entre os discípulos – a comunidade – e o Senhor Ressuscitado. Ao caminhar para esse encontro, a comunidade está imbuída da sombra do fracasso. Embora seja dia – e, portanto, há luz –, a comunidade caminha na escuridão. Todavia, ao viver a experiência fecunda do encontro com o Ressuscitado, o cenário muda, a comunidade se ilumina e encontra coragem para retornar a Jerusalém, mesmo sendo noite. A escuridão toma conta do caminho, mas os caminheiros estão com a luz que outrora fora acesa em seu interior no encontro com "a luz verdadeira, que vindo ao mundo a todos ilumina" (Jo 1,9).

Nosso processo de catequese deve acontecer como o episódio de Emaús: levar os peregrinos a um encontro inesgotável com o Ressuscitado: caminho, escuta e aprendizado, partilha e compromisso. Esse encontro marca o âmago da existência humana, confere um sentido de viver, dissipa as trevas do coração e acende a chama que faz arder o peito, capaz de dar outro rumo à direção: "Avisados em sonho para não voltarem a Herodes, retornaram para a sua terra, passando por outro caminho" (Mt 2,12). A experiência do encontro converte, restaura e impele ao testemunho, afinal, "Não se acende uma lâmpada para colocá-la debaixo de uma caixa" (Mt 5,15).

Se nosso processo de catequese deve se traduzir numa experiência como a de Emaús, as nossas Unidades Educativas Maristas, que são cenários (espaço-tempo) dessa experiência, precisam se transformar, cada vez mais, no caminho capaz de oferecer condições para a experiência do encontro se realizar com êxito, pois "um Colégio Marista é um centro de aprendizagem, de vida e de evangelização" (MEM, n. 126). A nossa razão de ser consiste em evangelizar por meio da educação, com atenção às muitas possibilidades que se abrem a partir do nosso cotidiano.

CATEQUESE NA ESCOLA CATÓLICA

Nossa inspiração vem de nosso pai fundador, Marcelino Champagnat, com sua dedicação ousada à causa das crianças e dos jovens.

> Marcelino Champagnat descreveu nossa vocação a um dos seus primeiros discípulos com palavras que nos recordam a responsabilidade que temos em relação às crianças e aos jovens que educamos, mas também a confiança que Deus deposita em nós: "Toda a vida deles será o eco do que lhes ensinar. Aplique-se ao máximo, não poupe esforços em formar seus corações juvenis à virtude; faça-os perceber que somente Deus pode torná-los felizes, que só para Deus foram criados" [...] (MEM, n. 96).

Nesse rico processo de evangelização realizado em nosso cotidiano, apontamos a catequese como processo de iniciação à vida cristã de crianças, adolescentes, jovens e adultos como uma ação fundamental da pastoral escolar. Segundo o *Diretório Nacional de Catequese*, aprovado pela Conferência Nacional dos Bispos do Brasil (CNBB) na 43ª Assembleia Geral, em 2005,

> A catequese é convidada a ir aonde as pessoas vivem, em particular na família, na escola, no trabalho e no lazer. É importante que se tenham presentes alguns âmbitos antropológicos, como a cultura urbana, o mundo universitário e esportivo, o turismo e as migrações, o fenômeno juvenil e outras situações de relevo social (CNBB, DNC, n. 227).
> [...]
> O mundo moderno oferece múltiplas oportunidades para evangelização. São muitos os espaços desafiadores, sobretudo na cidade, onde a catequese precisa descobrir maneiras novas de apresentar às pessoas a proposta do Evangelho, incentivando a descoberta dos apelos de Deus no mundo moderno (CNBB, DNC, n. 308).

Com base no *Diretório Nacional de Catequese* e no *Documento de Aparecida*, quando afirma "a comunidade educativa, enquanto autêntica comunidade eclesial e centro de evangelização, assuma seu papel de formadora de discípulos e missionários em todos os seus estratos" (DAp, n. 338), podemos dizer que nossos Colégios Maristas são ambientes propícios para o desenvolvimento da catequese como parte do processo de educação na fé oferecido à comunidade educativa, de modo especial às crianças e aos adolescentes. A tradição Marista nos ensina que:

> Marcelino Champagnat reunia as crianças para as aulas de catecismo. Percorria ele mesmo os lugarejos e ali enviava seus Irmãos. Preocupava-se, de modo especial, com os que eram pobres e órfãos, acolhendo-os, em La Valla e L'Hermitage, e fazendo tudo o que podia para seu bem-estar e educação (MEM, n. 168).

Como autêntica comunidade eclesial, é inerente à nossa missão catequizar e, conforme o Diretório Nacional, a catequese precisa ir ao encontro das pessoas.

> É fora de dúvida que o esforço de evangelização poderá tirar um grande proveito deste meio do ensino catequético, feito na Igreja, ou nas escolas onde isso é possível, e sempre nos lares cristãos (PAULO VI, 1976, p. 52).

> Seguindo Marcelino Champagnat, buscamos ser apóstolos da juventude, evangelizando pelo testemunho da nossa vida e pela nossa presença junto às crianças e aos jovens, bem como pelo nosso ensino: nem só catequistas, tampouco apenas professores das diversas disciplinas escolares" (MEM, n. 75).

Vale aqui a lembrança de que não podemos sobrepor-nos à comunidade cristã, mas, cumprindo nossa missão, ser ponto de partida de um caminho que aproximará as pessoas da vivência da fé na comunidade cristã.

A CATEQUESE: CAMINHO PARA O SEGUIMENTO DE JESUS CRISTO

Quando estamos falando da catequese em um Colégio Marista, não nos referimos à aula de Educação Religiosa, de Religião ou de Ensino Religioso. Para nós, a catequese deverá ser oferecida em um horário extraclasse para aqueles que desejarem participar. Defendemos o Ensino Religioso como área do conhecimento, cujo objeto de estudo é o fenômeno religioso e a finalidade é educar para a pluralidade religiosa.[1] Quando propomos a catequese em nossos colégios, estamos aludindo ao processo de educação na fé que inicia na vida cristã as crianças, os adolescentes, os jovens e até mesmo os adultos que assim desejarem, mas fora do ambiente da sala de aula e, portanto, fora da grade curricular da educação formal. O que queremos é aproveitar o vínculo estabelecido com nossas escolas por parte dos educandos e de seus pais para anunciar-lhes Jesus Cristo, despertando-os para segui-lo e preparando-os para os sacramentos que desejarem.

Nossa concepção de catequese rompe definitivamente com a ideia de aula e aponta na direção de "Encontros de catequese", em que gradativamente se vai desenvolvendo um *processo de educação na fé*. Assim fez Paulo no início da Igreja de Éfeso: "[...] rompeu com eles, tomou os discípulos à parte e, diariamente, ensinava-lhes na escola de um homem chamado Tiranos" (At 19,9). No entanto, devemos atentar para não reduzirmos a catequese em preparação para os sacramentos, sobretudo a Eucaristia e a Crisma. A catequese deve constituir um itinerário pedagógico capaz de despertar crianças, adolescentes, jovens e adultos para o seguimento a

---

[1] Temos clareza da Lei n. 9475/97 que, modificando o artigo 33 da Lei de Diretrizes e Bases da Educação, define: "O Ensino Religioso, de matrícula facultativa, é parte integrante da formação básica do cidadão e constitui disciplina dos horários normais das escolas públicas de Ensino Fundamental, assegurado o respeito à diversidade cultural e religiosa do Brasil, vedadas quaisquer formas de proselitismo".

Jesus Cristo e, no caminho do seguimento, bem como de acolher os sacramentos como sinais da graça salvadora de Deus, que, por meio da Igreja, vem fortalecer-nos nesse caminho, como discípulos e missionários do Ressuscitado. Segundo o *Diretório Nacional de Catequese*:

> [A catequese] é um itinerário educativo, que vai além da simples transmissão de conteúdos doutrinais desenvolvidos nos encontros catequéticos. Esses roteiros contemplam um processo participativo de acesso às Sagradas Escrituras, à liturgia, à doutrina da Igreja, à inserção na vida da comunidade eclesial e a experiências de intimidade com Deus (DNC, n. 152).

A catequese representa um tempo privilegiado de "mistagogia, ou seja, de introdução no sentido profundo dos mistérios, tomados como participação na vida de Cristo" (LELO, 2005, p. 119), haja vista a advertência de Jesus: "[...] se alguém não nascer do alto, não poderá ver o Reino de Deus!" (Jo 3,3). Essa afirmação nos remete ao centro do processo mistagógico: a vivência de uma autêntica espiritualidade cristã. A catequese deve guiar os catequizandos para essa experiência do alto, do mistério, e a experiência do mistério os devolverá ao mundo, para construção do Reino. Quanto mais envoltos no mistério amoroso de Deus que se plenificou em Jesus Cristo, mais enraizados estarão na história, pois essa experiência "marca o sentido dinâmico da resposta de fé, do converter-se como tarefa diária que implica acolher e desenvolver harmonicamente o dom da aliança sacramental" (LELO, 2005, p. 120).

Segundo Dom Eugênio Rixen (2008), a verdadeira catequese precisa levar ao encontro pessoal com o Deus vivo, por meio de Jesus Cristo e na comunidade eclesial. Uma autêntica catequese ajudará a introduzir os catequizandos nos "lugares" conhecidos do encontro com Deus, como a leitura orante da Palavra, o exercício da oração pessoal e comunitária, a experiência de tomar parte na vida eclesial, a participação na Eucaristia e nos demais sacramentos, a prática da caridade fraterna e a vida moral coerente com o Reino de Deus anunciado por Jesus.

Nessa perspectiva, nossos Colégios, através da comunidade educativa e em comunhão com a Paróquia onde estão inseridos, devem cuidar para que a catequese indique aos seus participantes três aspectos centrais do ser cristão que não se separam:

a) o seguimento a Jesus Cristo;

b) a inserção na vida da comunidade cristã;

c) o compromisso com a transformação da sociedade.

Através de uma proposta pedagógica de educação na fé, atenta às idades e às especificidades de cada fase da vida humana, a catequese, passo a passo, confere unidade a esses três aspectos e ajuda o catequizando a crescer nesse conjunto, uma vez que: "[...] no início do ser cristão não há uma decisão ética ou uma grande ideia, mas um encontro com um acontecimento, com uma Pessoa que dá à vida um novo horizonte e, assim, o rumo decisivo" (BENTO XVI, 2006, p. 7).

Essa dimensão vivencial da catequese, marcada pelo encontro do catequizando com o Ressuscitado, tem de ser mais bem explorada por nossos catequistas. O encontro marca e dá início a um caminho de seguimento que deve durar por toda a vida. "A fé é um ato pessoal: a resposta livre do homem à iniciativa de Deus que se revela. Ela não é, porém, um ato isolado. Ninguém pode crer sozinho, assim como ninguém pode viver sozinho" (CIC, n. 166). Essa deve ser a tônica de nossos processos catequéticos a fim de romper com uma catequese estanque, que muitas vezes desenvolvemos não só em nossos Colégios, mas também em nossas Paróquias. Quando nosso foco está apenas na preparação para o sacramento, com conteúdos doutrinários, que mais parecem aula do que encontro, deixamos de fazer ressoar a Palavra de Deus e, por meio dela, de tocar os corações e suscitar a fé.

Reafirmamos que os encontros de catequese, de acordo com as faixas etárias, necessitam ser inspirados no caminho de Emaús. Devem se revestir da mística do encontro e se configurar num lugar de *escuta e aprendizado, partilha e compromisso*. Eis os eixos centrais do método catequético que queremos desenvolver em cada encontro ou atividade ligada à catequese nas Unidades Educativas. Tal método não pode ser compreendido como etapas ou passos separados de um encontro. Eles são parte constitutiva de um mesmo processo e, interligados, formam o todo da experiência.

Como um espaço de *escuta*, temos de ouvir os catequizandos e ajudá-los na escuta de si próprios e dos colegas. Não é um ouvir por ouvir, mas uma escuta atenta, capaz de discernir o que se ouve. Escutando-se, sentindo-se escutado e escutando os demais, o grupo de catequese vai *aprendendo* a escutar a Deus e a ler os seus sinais no cotidiano de sua vida. Do ponto de vista pedagógico, um dos grandes obstáculos para a aprendizagem é a desvalorização da experiência do educando. Desenvolvendo a escuta, podemos superar esse obstáculo, pois nosso ponto de partida será sempre a realidade do catequizando trazida por ele mesmo.

A experiência de aprender fascina o ser humano, pois provoca o crescimento. Busquemos inspiração nas ciências pedagógicas: quando o foco de um processo educativo está no ensino, a forma de aprender são as aulas, cuja preocupação está apenas na transmissão dos conteúdos. Quando o foco está na aprendizagem, os meios de aprender são vários e diversificados. Trazendo isso para a catequese, podemos afirmar que, quando o nosso foco está no ensino da doutrina da fé, teremos aula de catequese centrada em conteúdos. Quando o nosso foco está na vivência, teremos encontros de catequese com experiências significativas de aprendizado. Todas as

CATEQUESE NA ESCOLA CATÓLICA

situações podem ser enfrentadas como oportunidade de aprendizado e de escuta dos sinais de Deus para a vida.

Como espaço de partilha, os encontros de catequese devem educar para a partilha. Tudo deve ser partilhado: as experiências, os conhecimentos, as histórias de vida, os apelos de Deus, as atividades, os alimentos, os dons... A vivência da partilha levará o grupo a sentir-se parte da comunidade humana, da comunidade de fé, uma vez que devemos nos esforçar para "proporcionar às crianças, adolescentes e jovens cristãos uma experiência de comunidade cristã, desenvolvendo seu sentido de pertença à Igreja local. Estimulamos a sua ativa participação nas comunidades que celebram e alimentam sua fé da Palavra e do sacramento" (MEM, n. 84). A lógica individualista que perdura nas relações sociais pode ser combatida por meio da vivência concreta da partilha. Jamais a catequese deve estimular a competição, e sim a cooperação, a comunhão. A atuação do catequista é fundamental na condução firme desse processo partilhado, para que ele não seja desorganizado.

Em cada encontro ou atividade ligada à catequese, o catequizando precisa assumir um compromisso. De acordo com a idade, deve ser cada vez mais estimulado com gestos concretos. A catequese necessita ser um espaço onde o catequizando aprende que os compromissos não são como uma obrigação piedosa ou uma forma de negociar com Deus mas sim uma decorrência da fé que ele está assumindo. Cada gesto concreto deve ser proposto e assumido como meio de experimentar e testemunhar o amor de Deus por nós.

Esse método catequético possibilitará aos grupos de catequese viverem os três aspectos centrais da vida cristã: o seguimento a Jesus Cristo, a inserção na vida da comunidade cristã e o compromisso com a transformação da sociedade. As temáticas desenvolvidas em cada encontro ou atividade da catequese devem, por meio da escuta, do aprendizado, da partilha e do

compromisso, estimular esses aspectos, promovendo a iniciação dos catequizandos na vida cristã.

As Escolas e outras Instituições Maristas são comunidades em que os
jovens devem aprender a levar o Evangelho a sério. Nossos esforços para
integrar a fé com o projeto de educação das novas gerações devem ser
bem visíveis às pessoas que entram em contato com qualquer uma de
nossas obras apostólicas (SAMMON, 2006, p. 15).

No processo de iniciação à vida cristã, os destinatários (os catequizandos) tem de ser contados como interlocutores do processo catequético. Ao
tratar dessa questão, o *Diretório Nacional de Catequese* afirma:

O Evangelho se destina em primeiro lugar à pessoa humana concreta
e histórica, radicada numa determinada situação. [...] A *adaptação* tem
sua motivação teológica no mistério da encarnação e corresponde a uma
elementar exigência pedagógica. Vai ao encontro das pessoas e considera
seriamente a variedade de situações e culturas, mantendo a comunhão
na diversidade a partir da unidade que vem da Palavra de Deus. Assim,
o Evangelho será transmitido em sua riqueza e sempre adequado aos
diversos ouvintes. A criatividade e a arte dos catequistas estão a serviço
desse critério fundamental. A pedagogia da fé precisa então atender às
diversas necessidades e adaptar a mensagem e a linguagem cristãs às
diferentes situações dos interlocutores (DNC, n. 179).

Dessa forma, o processo de catequese não pode acontecer de maneira
descontextualizada, indiferente à realidade dos seus interlocutores. Tais
sujeitos precisam interagir no processo para se abrirem, cada vez mais, ao
dinamismo da fé. As idades, as diferenças culturais, a linguagem... tudo
deve ser considerado para catequizar. A criança, o adolescente, o jovem e
o adulto têm de ser ouvidos, respeitados, estimulados a serem protagonistas do processo, ou seja, precisam participar ativamente da catequese. Esse

momento necessita ser uma experiência prazerosa para todos os envolvidos; de descoberta da fé, de si mesmo, dos outros e da Igreja. O catequista, progressivamente, apresenta, propondo e não impondo, elementos que ajudam os catequizandos a se encantarem com Jesus Cristo e a decidirem-se livremente pelo seu seguimento.

Para conduzirem o processo de iniciação à vida cristã, com a seriedade que ele exige do catequista, a formação permanente constitui um requisito primordial. A formação deve acontecer de forma conjunta (catequistas de Eucaristia, de Crisma e de adultos), buscando assimilar o significado bíblico-teológico da iniciação cristã, uma vez que muitos passaram pela catequese, mas não foram iniciados na vida cristã. Nessa perspectiva, a formação dos catequistas precisa agregar três eixos básicos: o ser, o saber e o saber fazer.

No que se refere ao ser, o catequista marista, olhando para Jesus, o Mestre, buscará crescer como

> [...] pessoa que ama viver e se sente realizada; pessoa de maturidade humana e de equilíbrio psicológico; pessoa de espiritualidade, que quer crescer em santidade; pessoa que sabe ler a presença de Deus nas atividades humanas; pessoa integrada no seu tempo e identificada com sua gente; pessoa que busca, constantemente, cultivar sua formação; pessoa de comunicação, capaz de construir comunhão (cf. DNC, n. 262 a 268).

Em suma,

> o catequista é um batizado que, em fidelidade à sua vocação, busca sempre ser maduro humana e cristãmente, consciente de haver sido chamado pela graça do Pai ao seguimento de Jesus no discipulado. Junto a outros irmãos, na comunidade da Igreja, ele é enriquecido pelo Espírito para

uma missão específica: ser servidor da Palavra, a serviço do Reino e para a vida do mundo" (CELAM, 2008, p. 39).

Em se tratando do saber dos catequistas, o DNC (2006) aponta os elementos necessários: suficiente conhecimento da Palavra de Deus e dos elementos básicos que formam o núcleo de nossa fé; familiaridade com as ciências humanas, sobretudo pedagógicas; entendimento das referências doutrinais e de orientação, como *Catecismo da Igreja Católica*, documentos catequéticos...; conhecimento suficiente da pluralidade cultural e religiosa, das mudanças que ocorrem na sociedade, da realidade local e dos fundamentos teológico-pastorais. É possível assegurar que o catequista marista precisa buscar o "conhecimento adequado da mensagem que transmite e, ao mesmo tempo, do interlocutor que a recebe, além do contexto social em que vive" (DGC, n. 238).

No que se refere ao saber fazer dos catequistas, é necessário aprofundar a formação na linha da metodologia. Segundo o DNC (2006), "para que o catequista possa tornar-se uma pessoa de testemunho e de confiança perante a comunidade, é preciso que seja competente em sua ação catequética, superando a improvisação e a simples boa vontade". O saber fazer do catequista marista será cada vez mais aprimorado na troca de experiências, no estudo, no relacionamento com os catequizandos e com os demais membros da comunidade educativa.

Os catequistas maristas, conscientes da necessidade da formação permanente e de integrarem nessa formação o ser, o saber e o saber fazer, devem se empenhar na leitura e no estudo de textos, artigos e subsídios formativos de catequese enviados às Unidades Educativas;[2] na participação

---

[2]   Sugerimos a consulta do site: <http://cibercatequese.paulinas.org.br>.

nas videoconferências formativas e nos encontros presenciais de formação promovidos pela Comissão Provincial de Evangelização; na busca pelos encontros e cursos de formação para catequistas oferecidos pelos Centros Maristas de Juventude (CMJs) e pela Igreja local.

MARCO OPERATIVO

Quando chegaram perto do povoado para onde iam,
ele fez de conta que ia adiante.
Eles, porém, insistiram: "Fica conosco,
pois já é tarde e a noite vem chegando!".
Ele entrou para ficar com eles. Depois que
se sentou à mesa com eles, tomou o pão,
pronunciou a bênção, partiu-o e deu a eles. Neste
momento, seus olhos se abriram, e eles
o reconheceram. Ele, porém, desapareceu da
vista deles. Então um disse ao outro: "Não
estava ardendo o nosso coração quando ele
nos falava pelo caminho e nos explicava as Escrituras?".
Naquela mesma hora, levantaram-se
e puseram-se a caminho...
(Lc 24,28-33)

ORIENTAÇÕES GERAIS

Como os caminheiros de Emaús, queremos nos colocar a caminho. Nosso coração arde ao saber que o Mestre caminha conosco e que com ele poderemos enfrentar e superar aquilo que desafia a nossa ação evangelizadora, no que diz respeito à catequese. Por isso, atentos aos desafios que emergem da realidade provincial e abertos ao horizonte que traçamos, reafirmamos o compromisso de realizar uma catequese cujo referencial é a iniciação à vida cristã, apresentada pela Igreja, no *Ritual de Iniciação Cristã de Adultos* (RICA). Nosso processo de catequese deve se traduzir em um "tempo próprio para o crescimento da fé, o amadurecimento da conversão; período de contato com a comunidade cristã, de familiarização com seus símbolos e com sua gente, por meio da progressiva experiência da fé, da liturgia e da caridade própria do Povo de Deus" (LELO, 2005, p. 49).

Como processo de iniciação à vida cristã, em seu núcleo deve se conjugar "três dimensões: a evangelização enquanto anúncio e conhecimento de Cristo; a celebração da fé como participação progressiva no mistério trinitário; e a mudança de costumes proveniente da formulação de uma visão cristã da vida" (LELO, 2005, p. 10). Essas três dimensões, se bem vivenciadas, conduzirão os catequizandos ao seguimento de Jesus Cristo, ou seja, ao discipulado. Discípulo é aquele que escolhe o Cristo e busca conhecê-lo; conhecendo-o, propõe-se a anunciá-lo; anunciando-o, percebe a necessidade de celebrá-lo junto com seus irmãos na fé; e celebrando-o na comunidade dos discípulos, assume com afinco os compromissos que daí decorrem.

Essas três dimensões correspondem aos três aspectos centrais da vida cristã: o seguimento de Jesus Cristo, a inserção na vida da comunidade cristã e o compromisso com a transformação da sociedade; e aos três sacramentos que compõem o grande sacramento da iniciação cristã: Batismo, Eucaristia e Crisma, cuja unidade deve resplandecer em nossa catequese. Os encontros, as celebrações e vivências rituais ajudarão os catequizandos a compreenderem essa unidade e suas implicações no horizonte da fé. A utilização dos símbolos e a participação em momentos que lembram o Batismo estarão entre as preocupações dos catequistas.

Essa unidade sacramental, buscada e vivida nos primórdios da Igreja e retomada com o Concílio Vaticano II, decorre da Palavra de Deus, centro da catequese. Entretanto, fazer da Palavra de Deus o centro da catequese não significa transformá-la numa escola bíblica. A familiarização com

CATEQUESE NA ESCOLA CATÓLICA

a Sagrada Escritura e os conteúdos bíblicos não constitui a totalidade da catequese, uma vez que, ao nos referirmos à Palavra de Deus, a consideramos em seu sentido teológico amplo: Escritura, Tradição e Magistério, que, junto com a Sagrada Liturgia e o Catecismo da Igreja Católica, constituem fontes onde o catequista deve se saciar cotidianamente.

Para que a catequese assuma, cada vez, mais esse caráter vivencial, e os catequizandos sejam conduzidos a um encontro profundo com o Ressuscitado, conforme o episódio de Emaús, a liturgia deve ser uma dimensão primordial desta ação. "A catequese litúrgica é um processo que visa enraizar uma união madura, consciente e responsável com Cristo, sobretudo através das celebrações, e leva ao compromisso com o serviço da evangelização nas diversas realidades da vida" (DNC, n. 121). Sendo assim, os momentos celebrativos propostos nos roteiros sugeridos para as diferentes etapas da catequese precisam ser preparados com zelo e criatividade. Algumas das celebrações sugeridas para a catequese de iniciação à Eucaristia e para o catecumenato crismal têm origem no RICA. É fundamental que os catequistas estudem o ritual e façam com discernimento a adaptação dos ritos para as diferentes idades e situações. Nessas celebrações é de grande importância a participação dos pais e familiares e do maior número possível de membros da comunidade cristã.

No *marco doutrinal*, quando tratamos das possibilidades pastorais para a catequese, a dimensão da presença no cotidiano das famílias e a catequese familiar devem ser uma alternativa bem explorada por nós. Como parte do projeto catequético, é importante oferecer catequese aos familiares adultos que participaram dos sacramentos, mas não foram iniciados na fé. Tanto na catequese de iniciação à Eucaristia como no catecumenato crismal, propomos encontros para serem realizados com os familiares. Esses encontros não podem reduzir-se a reuniões informativas, mas com criatividade e bom senso deverão transformar-se em momentos privilegiados de evangelização dos pais e familiares dos catequizandos.

Outra questão também sinalizada no nosso *marco doutrinal* é o desenvolvimento da dimensão da solidariedade com os catequizandos e seus familiares. Tal dimensão não deverá ser apenas estudada ou refletida com os catequizandos e seus familiares; tem de ser experimentada, cultivada, vivida em nossa catequese. Por isso, sugerimos algumas experiências nas diferentes etapas da catequese, que podem acontecer em parceria com os grupos da Pastoral Juvenil Marista (PJM), com alguns projetos desenvolvidos nos Centros Maristas de Juventude (CMJs) e ainda com outras ações desenvolvidas pela Igreja local. Os devidos cuidados são necessários para não confundirmos solidariedade com assistencialismo, e não reduzirmos o seu sentido a campanhas emergenciais. Nesse horizonte, os aspectos de formação de uma consciência ecológica podem ser descobertos, incentivados e experienciados.

Com o juízo necessário, ética e criticamente, os recursos tecnológicos e os diversos espaços pedagógicos disponíveis em nossas unidades educacionais podem ser utilizados para dar dinamicidade aos nossos encontros de catequese. O DNC incentiva o uso das novas tecnologias, quando afirma que "é preciso, porém, estimular novas expressões do Evangelho com linguagens renovadas e comunicativas, como a linguagem sensorial e midiática (rádio, TV, internet) e outras. O emprego dos meios didáticos e o uso de instrumentos de trabalho são úteis e mesmo necessários para a educação da fé" (DNC, n. 163).

A catequese de iniciação à vida cristã (iniciação à Eucaristia, catecumenato crismal e catequese com adultos) é uma "frente de trabalho" ou um projeto da pastoral escolar de nossas Unidades Educacionais. Como os demais projetos da pastoral escolar, deve acontecer como parte do processo educativo da Unidade. Não pode ser encarado como um apêndice ou como

CATEQUESE NA ESCOLA CATÓLICA

uma atividade de segunda categoria. Seu valor é de suma importância para a concretização da Missão Educativa Marista.

Sendo assim, o envolvimento de toda a comunidade educativa com a catequese, e sobretudo dos gestores das Unidades, aponta para

> [...] o modo de partilharmos a Missão, com espírito de genuína comunhão, que constitui por si mesmo um sinal da Boa-Nova para a nossa Igreja, o nosso mundo e certamente para as crianças e jovens a quem somos enviados. Juntos, buscamos ser criativamente fiéis ao carisma de Marcelino Champagnat e sensíveis aos sinais dos tempos à luz do Evangelho (MEM, n. 52).

No entanto, para diferenciar a catequese, cada vez mais, da educação formal, a *sua organização deve se dar em consonância com o calendário litúrgico cristão, e não com o calendário escolar.* O bom senso e o planejamento não permitirão os desencontros e a inviabilidade dessa ação.

Para que a catequese, em suas diferentes etapas, assuma cada vez mais o seu papel de iniciação à vida cristã e, a partir de um encontro com o Senhor Ressuscitado, desperte discípulos missionários, é de fundamental importância a atuação dos catequistas e do coordenador de pastoral da Unidade. O trabalho em equipe e a sintonia dos catequistas com a Coordenação de Pastoral são vitais para que a catequese aconteça de fato como processo de iniciação cristã, sobretudo onde existem catequistas voluntários. Essa sintonia será garantida com o acompanhamento, o planejamento e a avaliação mensal dos encontros e atividades da catequese, que devem ser conduzidos pela Coordenação de Pastoral. Além disso, faz-se essencial investir na constante formação dos catequistas, pois "qualquer atividade pastoral que não conte, para a sua realização, com pessoas realmente formadas e preparadas coloca em risco a sua qualidade" (DGC, n. 234).

A CATEQUESE DE INICIAÇÃO À EUCARISTIA

Todas as orientações antes descritas devem iluminar o processo de vivência da catequese de iniciação à Eucaristia, norteando a organização e a dinâmica de funcionamento. Entretanto, essas orientações não poderão anular a especificidade de nenhuma fase do desenvolvimento humano, neste caso a infância, já que as crianças são os catequizandos por excelência dessa etapa de catequese. Segundo o DNC (n. 197):

> A infância se caracteriza pela descoberta inicial do mundo, com uma visão ainda original, embora dependente da assistência dos adultos. Dela brotam possibilidades para a edificação da Igreja e a humanização da sociedade. A criança tem o direito ao pleno respeito e à ajuda para seu crescimento humano e espiritual. Ela necessita de uma catequese familiar, de uma iniciação na vida comunitária e para realizar os primeiros gestos de solidariedade. Essa catequese não poderá ser fragmentada ou desencarnada da realidade, mas deverá favorecer a experiência com Cristo na realidade em que a criança vive.

Então, nosso ponto de partida é a realidade das crianças, o seu mundo, as suas dificuldades, a sua linguagem e o seu potencial para aprender. Não podemos esquecer-nos de que, enquanto catequistas, somos mediadores do encontro entre o Ressuscitado e os nossos catequizandos, nem de que, como os peregrinos de Emaús, eles levarão para o encontro tudo que perpassa a sua dimensão existencial.

A criança precisa se sentir acolhida, para que, a partir daí, possamos fazer juntos um caminho de crescimento. Lembremo-nos de São Marcelino Champagnat: "Para bem educar as crianças é necessário, antes de tudo, amá-las, e amá-las todas igualmente" (MEM, n. 98). Uma maneira de

CATEQUESE NA ESCOLA CATÓLICA   65

concretizar essa acolhida é conhecer e ouvir cada uma delas para descobrir o melhor modo de catequizá-las. "Também será bastante útil ter familiaridade com o universo infantil: brincadeiras, situação escolar e familiar, histórias em quadrinhos e filmes que as crianças preferem, literatura infantil de boa qualidade" (DNC, n. 198).

O caminho de Emaús para os pequenos deve ser marcado por seu universo. Como seria o episódio de Emaús, se as pessoas que lá aparecessem fossem crianças? O que estariam conversando? Como Jesus se aproximaria delas e participaria da conversa? Com certeza, nossa catequese cumprirá a sua função na vida das crianças, quanto mais próxima de seu universo ela estiver. Todavia,

> Embora a criança necessite de adaptação de linguagem e simplificação de conceitos, é importante não semear hoje o problema de amanhã. Simplificar com fidelidade e qualidade teológica exige boa formação e criatividade. É necessário ter cuidado para que, em nome da mentalidade infantil, não se apresentem ideias teologicamente incorretas que depois serão motivo de crise de fé (DNC, n. 200).

O processo de catequese de iniciação à Eucaristia começa com idade mínima de nove anos. Os catequizandos serão organizados em grupos contendo no máximo *vinte e cinco crianças*, para favorecer a interação, a escuta e a convivência fraterna. A disposição em pequenos grupos não é apenas um aspecto organizacional, mas uma opção pedagógica que favorece o amadurecimento humano através das relações tecidas em seu interior, pois, conforme nos ensina o Catecismo da Igreja, a fé não é um ato isolado. Ninguém pode crer sozinho, assim como ninguém pode viver sozinho.

O processo deve acontecer com encontros semanais, tendo duração de pelo menos uma hora e meia. "A educação para a oração (pessoal, comunitária, litúrgica), a iniciação ao correto uso da Sagrada Escritura, o acolhimento dentro da comunidade e o despertar da consciência missionária são aspectos centrais da formação cristã dos pequenos" (DNC, n. 200). Tudo deve convergir para que os catequizandos se encantem com Jesus e com o seu projeto.

Ao final dos dois anos, por ocasião da Páscoa, deverá ser celebrada a Primeira Comunhão Eucarística. Segundo o DNC (n. 199):

> É nessa idade que se atinge o maior número de catequizandos e há o maior envolvimento de catequistas por causa da Primeira Comunhão Eucarística, que não deve ter caráter conclusivo do processo catequético, mas continuidade com uma catequese de perseverança que favoreça o engajamento na comunidade eclesial.

Sendo assim, essa celebração não deverá fechar o processo com aquele tradicional "ar de formatura"; ao contrário, tem de ser preparada e vivenciada de tal modo que as crianças e seus familiares se percebam iniciados em um processo que requer continuidade. O convite para aprofundar o caminho do discipulado precisará ser convincente, e a ação de graças nutrirá a todos para continuar o caminho.

É essencial ficar atento para que os catequizandos que terminaram a etapa de iniciação à Eucaristia, até completarem a idade necessária para ingressarem no catecumenato crismal, não se percam pelo caminho. Com o devido cuidado, é indispensável o engajamento deles em projetos evangelizadores desenvolvidos na Unidade, como a PJM, a colaboração como animadores na infância missionária e o envolvimento em atividades e projetos da comunidade cristã. Deve haver um incentivo por parte dos catequistas e educadores para despertá-los a assumirem a liderança estudantil em suas diversas maneiras na Unidade.

ROTEIRO DE CATEQUESE PARA INICIAÇÃO A EUCARISTIA[1]

EIXOS TEMÁTICOS	TEMPO LITÚRGICO	CONTEÚDOS PARA OS ENCONTROS COM OS CATEQUIZANDOS	CONTEÚDOS PARA OS ENCONTROS COM OS PAIS
PRIMEIRO MOMENTO			
EIXO I — Minha história de vida: um ato de amor	Tempo Pascal (Início na 2ª Semana da Páscoa)	1. Dialogando com minha identidade; 2. Dialogando com minha família; 3. Dialogando com meus amigos; 4. Descobrindo a catequese; 5. Construindo nosso projeto de convivência	Catequese: por que e para que
Celebração: rito de instituição dos catequizandos (coincidir com a semana de oração pela unidade dos cristãos – Pentecostes)			
EIXO II — Somos frutos do amor de Deus pai e mãe	Restante do Tempo Pascal / Tempo Comum (junho e julho)	1. A beleza da criação; 2. Homem e mulher: imagem e semelhança de Deus; 3. Afastar-se de Deus; 4. Deus continuou seu povo; 5. Conversando com o pai Abraão; 6. Moisés chamado por Deus; 7. Deus libertou seu povo; 8. Aliança; 9. Os mandamentos	A família: Igreja doméstica; Filhos: dádiva de Deus; Relação entre pais e filhos
Celebração: Celebração das tendas			
EIXO III — Vocação: chamado e resposta – Deus nos fala ao coração	Tempo Comum / Mês Vocacional	1. Vocação de Jeremias; 2. Vocação de Débora; 3. São Marcelino Champagnat; 4. Dom Helder; 5. Vocação de Jonas	Homens e mulheres que fazem a diferença
Celebração: escutar e acolher a Palavra			
EIXO IV — No encontro com a Palavra	Tempo Comum / Mês da Bíblia	1. Bíblia: uma carta de amor de Deus ao seu povo; 2. Salmos: a Oração do Povo de Deus I (Louvor); 3. Salmos: a Oração do Povo de Deus II (Súplica); 4. Salmos: a Oração do Povo de Deus III (Lamento)	A Bíblia: o livro da família (Leitura Orante da Bíblia)

---

[1] Este roteiro de catequese é inspirado no livro *Iniciação à Eucaristia*, do Núcleo de Catequese Paulinas – NUCAP.

EIXO	Tempo		
EIXO V A missão	Tempo Comum Mês de outubro	1. Caminhando com Isaías 2. Irmã Dorothy, Dom Romero, Madre Teresa, Margarida Maria, Pe. Josimo, Irmã Dulce, Frei Galvão 3. Mártires Missionários Maristas	O cristão: sal da terra e luz do mundo Fé e política
Experiência missionária			
EIXO VI O mistério da encarnação	Tempo Comum/Advento Novembro/dezembro	1. Deus preparou o povo para receber o Salvador 2. A Virgem esperou com amor de mãe 3. Congresso marial 4. João anunciou estar próxima a vinda do Messias	As bodas de Caná: a festa da família
Natal do Senhor Compromisso			
EIXO VII Crescendo junto com Jesus	Início do Tempo Comum e Quaresma	1. Apresentação no Templo 2. Visitando o Templo com a família de Nazaré 3. Campanha da Fraternidade 4. Campanha da Fraternidade 5. Campanha da Fraternidade	A família de Jesus: autoridade e sabedoria CF em família
CONCLUSÃO DO PRIMEIRO MOMENTO			

SEGUNDO MOMENTO

Celebração da luz (renovação das promessas batismais)

EIXO I A Páscoa de Cristo	Tempo Pascal Início na 2ª Semana da Páscoa	1. Bem-aventuranças 2. O Reino 3. Jesus celebra a Páscoa 4. Jesus morre na cruz 5. Jesus ressuscita 6. O Espírito Santo continua a missão de Jesus	Ressurreição ou reencarnação: uma decisão de fé

Celebração – Entrega do Símbolo e Oração do Senhor

CATEQUESE NA ESCOLA CATÓLICA

EIXO II Sinais do Reino	Tempo Comum Junho a agosto	1. O chamado dos Doze 2. A comunidade dos seguidores 3. Uma festa em Caná 4. A Igreja, Corpo de Cristo 5. Os sacramentos – sinais da graça de Deus 6. Eucaristia, Corpo de Cristo 7. Participamos da Páscoa 8. A presença de Cristo 9. A mesa da Palavra 10. A mesa da Eucaristia	Os três altares: refeições, nupcial, eucarístico
Celebração da Palavra			
EIXO III O Reino de Deus está próximo	Tempo Comum Mês da Bíblia e início do Mês Missionário	1. Ensinando em Parábolas I 2. Ensinando em Parábolas II 3. Ensinando em Parábolas III 4. Construindo o Reino 5. A solidariedade	Sinais do Reino e novas tecnologias – os desafios do mundo da informação
Experiência missionária de solidariedade (restante do mês de outubro e novembro)			
EIXO IV O mistério da encarnação	Advento	1. O Senhor está para chegar 2. Maria, Mãe de Deus e da Igreja 3. O nascimento de Jesus/O Natal	A Família de Nazaré: modelo para nossas famílias
EIXO VI O banquete da comunhão	Tempo Comum	1. Encontro de acolhida 2. A celebração eucarística e suas partes	Eucaristia: o grande mistério de amor
Retiro			
EIXO VIII A misericórdia de Deus	Quaresma	1. O filho pródigo 2. O sacramento da Reconciliação I 3. O sacramento da Reconciliação II	Pedir perdão e perdoar: duas necessidades cotidianas para os membros de uma família
Celebração do Perdão			
Celebração da Primeira Eucaristia			

A CATEQUESE PARA O CATECUMENATO CRISMAL

As orientações gerais explicitadas no início deste marco devem iluminar o processo de vivência da catequese para o catecumenato crismal, norteando a organização e a dinâmica de funcionamento. Como os catequizandos dessa etapa da catequese são prioritariamente adolescentes e jovens, vale lembrar que "a característica principal dessa idade é o desejo de liberdade de pensamento e ação, de autonomia, da autoafirmação, de aprendizagem do inter-relacionamento na amizade e no amor" (DNC, n. 195).

Para adolescentes e jovens, o encontro com Jesus passa, em um primeiro momento, pela vida afetiva. Eles sentem necessidade de ser acolhidos e estar em um ambiente de alegria e amizade. Nada suplanta a presença atenta do catequista que anima e consola, alegra e encoraja. A relação entre catequista e catequizando nesta etapa da catequese se pautará integralmente pela confiança, pois elimina distâncias e possibilita o diálogo franco.

Dessa forma, o ponto de partida de toda catequese com adolescentes e jovens está na própria pessoa do adolescente e do jovem. O respeito à individualidade deve favorecer a participação e o envolvimento dos catequizandos. O primeiro passo é provocar o interesse dos crismandos pelo projeto de Jesus Cristo, uma vez que os conteúdos darão ênfase à acolhida do Reino inaugurado por ele. Então, "em particular, é preciso uma catequese que aprofunde a experiência da participação litúrgica na comunidade, que dê importância à educação para a verdade e a liberdade segundo o Evangelho, à formação da consciência, à educação ao amor, à descoberta vocacional, à oração alegre e juvenil e ao compromisso cristão na sociedade" (DNC, n. 193).

A catequese para o catecumenato crismal poderá acontecer a partir dos quatorze anos de idade, com aproximadamente um ano de duração. Os

CATEQUESE NA ESCOLA CATÓLICA

catequizandos serão organizados em grupos contendo no máximo *vinte e cinco* participantes, para favorecer o amadurecimento da fé e a escolha de se tornar testemunha de Cristo. A disposição em pequenos grupos não é apenas um aspecto organizacional, mas uma opção pedagógica que favorece o amadurecimento humano através das relações tecidas em seu interior, pois, conforme nos ensina o Catecismo da Igreja, a fé não é um ato isolado. Ninguém pode crer sozinho, assim como ninguém pode viver sozinho.

O catecumenato crismal deve ser efetivado em encontros semanais bem preparados, com duração de pelo menos uma hora e meia, e utilizando recursos pedagógicos diversificados e dinâmicas próprias para essa faixa etária. Os conteúdos tem de ser de tal modo desenvolvidos que possibilitem aos catequizandos crescerem no conhecimento de si mesmos, da pessoa de Jesus Cristo e de seu Reino; provoquem e facilitem o amadurecimento humano em suas diversas dimensões; e, na experiência do encontro com o Ressuscitado, despertem para o cultivo da espiritualidade.

Dado que o sacramento da "Confirmação expressa e supõe a força especial do Espírito para cumprir a missão profética em meio ao mundo, para edificar em unidade a Igreja, Corpo de Cristo, e defender a verdade do Evangelho em diversas situações da vida" (LELO, 2008, p. 37), o engajamento com a Igreja local, a interação dos crismandos com os grupos de PJM, grupos de fé e política, grupos de lideranças estudantis, sobretudo com os grêmios escolares, traduzir-se-ão em experiências riquíssimas para o amadurecimento da fé. Os projetos sociais, cuja finalidade deve ser a construção de uma cultura solidária, desenvolvidos em conjunto com esses grupos de alunos sob a liderança dos crismandos, os ajudarão a assimilar a dimensão do testemunho cristão, aspecto central no sacramento da Confirmação.

"Para a Confirmação, como para o Batismo, convém que os candidatos procurem a ajuda espiritual de um *padrinho* ou de uma *madrinha*. Convém que seja o mesmo do Batismo, a fim de marcar bem a unidade dos dois sacramentos" (*Catecismo da Igreja Católica*, n. 1311). Os catequistas devem orientar os catequizandos sobre a escolha dos padrinhos, sobretudo, se por alguma razão não forem os mesmos do Batismo. Devem ser pessoas que já receberam os sacramentos da iniciação cristã, que sejam maduras na fé e dispostas a contribuírem com o seu crescimento espiritual. Tal orientação deve ser dada logo no início da catequese para o catecumenato crismal, a fim de evitar constrangimentos futuros.

Ao final de um ano de catequese, por ocasião da Solenidade de Pentecostes será conferido aos adolescentes e jovens o sacramento da Confirmação. Nesta celebração, deve transparecer para todos que esses adolescentes e jovens estão completando o processo de iniciação cristã, e não encerrando a sua vivência eclesial e o seu compromisso de seguirem a Jesus Cristo, como discípulos missionários. Alguns dias antes da celebração será realizado um retiro espiritual, com o intuito de preparar espiritualmente os catequizandos. Nesse retiro sejam resgatados os compromissos batismais, penitenciais, eucarísticos e sua unidade com o sacramento da Confirmação.

Por parte dos catequistas, coordenação de pastoral e demais educadores maristas, é necessário empenhar-se para que os jovens que receberam o sacramento da Confirmação não se desliguem da vivência eclesial da fé. Por isso, ao longo da catequese, os catequistas vão identificando aqueles que poderão contribuir como auxiliares da catequese tanto na iniciação à Eucaristia como no catecumenato crismal, bem como em outras atividades pastorais. "Os catequistas jovens integrarão a equipe, com a vantagem de serem da mesma geração e terem a mesma linguagem que os catequizandos" (NUCAP, 2008, p. 35). Os jovens possuem muitos dons e se sentem importantes quando podem se colocar a serviço.

ROTEIRO DE CATEQUESE PARA O CATECUMENATO CRISMAL[2]

EIXOS TEMÁTICOS	TEMPO LITÚRGICO	CONTEÚDOS PARA OS ENCONTROS COM OS CATEQUIZANDOS	CONTEÚDOS PARA OS ENCONTROS COM OS PAIS
EIXO I O Catecumenato	3ª Semana da Páscoa	1. Somos um grupo	1. Catecumenato crismal
		2. Minha história de fé	
		3. Como os discípulos de Emaús	
Celebração: Entrada no Catecumenato			
EIXO II A vida em Cristo		1. A obra do Criador	2. Valores humanos 3. Ética sexual e namoro
		2. Os valores cristãos	
		3. A sexualidade	
		4. As drogas	
Realizar uma experiência solidária com os catequizandos e seus familiares em uma Casa de Recuperação de Dependentes Químicos e/ou num projeto da Pastoral da Sobriedade. Essa experiência pode acontecer em parceria com um grupo da PJM. É necessário marcar o início e o fim dessa experiência com um momento celebrativo.			
EIXO III O Discipulado		1. O Pai envia seu Filho	4. A obra do Criador 5. O Reino de Deus e a família
		2. O Reino de Deus já chegou	
		3. O compromisso contra a exclusão social	
		4. Chamou discípulos e apóstolos	
		5. Defesa da sociedade de direitos	
		6. A dignidade e a cidadania	
		7. Jesus ensinava por parábolas	
		8. A oração do Pai-Nosso	
Celebração: Entrega do Símbolo e do Pai-Nosso			

---

[2]   Este roteiro de catequese é inspirado no livro *Testemunhas do Reino*, do Núcleo de Catequese Paulinas – NUCAP.

EIXO IV A Comunidade de Fé		1. A última ceia 2. O caminho da cruz 3. A Ressurreição 4. O envio do Espírito Santo 5. O Espírito Santo atua na Igreja 6. Os membros do povo de Deus 7. A liturgia 8. As Pastorais	6. A oração e a família 7. Formamos a Igreja
Celebração: Inscrição dos Nomes			
EIXO V O Mistério Pascal	Quaresma	1. Iniciação pascal 2. Celebrar o dom do Espírito Santo 3. Sacramento da Confirmação 4. Penitência	8. O sacramento da Crisma
Celebração da Misericórdia com Confissão			
EIXO VI A Vida Nova	Páscoa	1. O nascer de novo 2. A vida nova 3. A Eucaristia: centro da vida cristã 4. O namoro e a vida matrimonial 5. As testemunhas do Reino	9. A Eucaristia e a família
Celebração do sacramento da Crisma			

A CATEQUESE COM OS ADULTOS

Os adultos são, no sentido mais amplo, os interlocutores primeiros da mensagem cristã. É em sua direção que a evangelização e a catequese devem orientar seus melhores agentes, pois são eles que assumem mais diretamente, na sociedade e na Igreja, as instâncias decisórias. Favorecem ou dificultam a vida comunitária, a justiça e a fraternidade. Urge que os adultos façam uma opção mais decisiva e coerente pelo Senhor e sua causa, ultrapassando a fé individualista, intimista e desencarnada (cf. DNC, n. 181).

Essa opção decisiva e coerente será amadurecida e explicitada em atitudes com intenso processo de formação. Segundo a Conferência de Aparecida, "a vocação e o compromisso de ser hoje discípulos missionários de Jesus Cristo na América Latina e no Caribe requerem clara e decidida opção pela formação dos membros de nossas comunidades" (DAp, n. 276). Eis aí uma das tarefas mais urgentes da Igreja, já que "compete, principalmente, ao povo de Deus, isto é, à Igreja, que transmite e alimenta a fé recebida dos apóstolos, preparar, com o maior cuidado, o Batismo e a formação cristã" (RICA, n. 7).

Conscientes de nossa missão nas Unidades Educacionais Maristas, cada vez mais precisamos intensificar a formação espiritual dos adultos, sejam eles colaboradores, educandos da EJA e seus familiares. Entretanto, ao pensarmos na catequese com os adultos, precisamos "distinguir entre os adultos que vivem sua fé (praticantes), adultos apenas batizados (não praticantes ou afastados) e os adultos não batizados" (DNC, n. 182). Aqui daremos ênfase ao processo de catequese com os adultos não praticantes ou afastados e com os adultos não batizados.

Com os *adultos não batizados*, "que, iluminados pelo Espírito Santo, ouviram o anúncio do mistério de Cristo e, conscientes e livres, procuraram o Deus vivo e dão início ao caminho da fé e da conversão" (RICA, n. 1), o processo de catequese deverá se estruturar conforme as orientações contidas no Ritual da Iniciação Cristã de Adultos, uma vez que eles são os seus destinatários por excelência. Tais adultos são chamados de catecúmenos, conforme a tradição da Igreja, e terão "a conversão como princípio metodológico de seguimento" (LELO, 2005, p. 39).

Com os *adultos apenas batizados, não praticantes ou afastados*, aqueles que foram batizados quando crianças, mas se afastaram da vivência da fé e por isso não foram admitidos à Confirmação e à Eucaristia, "o currículo da catequese corresponde, de ordinário, ao dos catecúmenos; na sua aplicação, porém, o sacerdote, diácono ou catequista considere as condições peculiares dos adultos que já receberam o Batismo" (RICA, n. 297), pois, "embora esses adultos não tenham ainda ouvido o anúncio do mistério de Cristo, sua situação não é igual à dos catecúmenos, porque já foram introduzidos na Igreja e se tornaram filhos de Deus pelo Batismo" (RICA, n. 295).

Podem frequentar a catequese com adultos as pessoas com idade a partir de quinze anos. A turma de catequese não deve possuir número inferior a três participantes. Os adultos não batizados e os adultos apenas batizados, não praticantes ou afastados, podem formar uma mesma turma, porém o catequista tenha discernimento para que não se confundam. Os adultos apenas batizados, não praticantes ou afastados, mesmo vivenciando o processo junto aos catecúmenos, não participarão de todos os ritos da mesma maneira que eles.

Em nossas Comunidades Educativas também encontramos adultos que foram batizados quando crianças, fizeram a catequese e receberam a Eucaristia, e depois se afastaram da vivência da fé e da comunidade eclesial; portanto, ainda não receberam o sacramento da Crisma. Esses adultos não devem participar da catequese junto com os catecúmenos e com os adultos apenas batizados. Sua preparação se dará de outra forma, em outra

CATEQUESE NA ESCOLA CATÓLICA

turma de catequese, e os conteúdos a serem trabalhados com eles são aqueles sugeridos no Roteiro de Catequese para o Catecumenato Crismal.

Para conduzir a catequese de iniciação cristã com os adultos não batizados e os apenas batizados, não praticantes ou afastados, os catequistas deverão ter sempre em mãos a Sagrada Escritura, o CIC e o RICA. É preciso salientar que apenas o conhecimento técnico desses materiais não é suficiente para que a catequese cumpra seu papel de iniciação cristã. Tais materiais são como que bússolas para a condução de um processo que dever ser substancialmente vivencial, uma vez que "o caminho de formação do cristão, na tradição mais antiga da Igreja, teve sempre caráter de experiência, na qual era determinante o encontro vivo e persuasivo com Cristo, anunciado por autênticas testemunhas" (DAp, n. 290).

O devido conhecimento dos materiais antes citados não substitui, em hipótese alguma, um fecundo diálogo com o bispo e sua Comissão Diocesana de Catequese e com o pároco e a Coordenação Paroquial de Catequese. Como parte integrante da Igreja local e uma de suas instâncias de formação, a Unidade Educacional Marista caminha sob a luz de sua orientação, sempre na busca da comunhão, crescendo "em relação a Cristo, que é a cabeça. É dele que o corpo todo recebe coesão e harmonia, mediante toda sorte de articulações e, assim, realiza o seu crescimento, construindo-se no amor, graças à atuação devida de cada membro" (Ef 4,15-16).

Dessa forma, a iniciação cristã dos adultos, conforme o RICA, deve conter:

> [...] quatro tempos sucessivos: do "pré-catecumenato", caracterizado pela primeira evangelização; do "catecumenato", destinado à catequese completa; da "purificação e iluminação", destinado à mais intensa preparação espiritual; e o da "mistagogia", assinalado pela nova experiência dos sacramentos e da comunidade (RICA, n. 7).

Esse processo desenvolverá nos adultos "uma pedagogia espiritual, marcada primeiramente pela gradatividade processual com que o indivíduo é levado a conhecer o mistério, converter-se de seus costumes e modo de ver o mundo, até ser incorporado em Cristo e na Igreja" (LELO, 2005, p. 39).

A iniciação cristã dos adultos é um processo muito mais vivencial do que de estudo. Os catequistas estarão atentos aos momentos celebrativos e rituais que acontecerão ao longo do processo. Tais celebrações constam no RICA, porém, pela sua carga simbólica, ritual e riqueza dos detalhes, requerem uma preparação antecipada. A Celebração da Entrada no Catecumenato, a da Eleição ou Inscrição dos Nomes, a dos Sacramentos da Iniciação Cristã e a da Solenidade de Pentecostes, deverão acontecer junto à comunidade paroquial com o maior número possível de fiéis.

A Celebração dos Sacramentos da Iniciação (Batismo, Crisma e Eucaristia), sempre que possível, deverá acontecer na Vigília Pascal. Quando não houver essa possibilidade, poderá, preferencialmente, se dar na oitava da Páscoa. Os catecúmenos, conforme o RICA, podem receber os três sacramentos na mesma celebração. Outra possibilidade é receber o Batismo e a Eucaristia em uma celebração da Vigília Pascal, e a Confirmação no final do tempo da mistagogia, na celebração da Solenidade de Pentecostes.

Os adultos apenas batizados, não praticantes ou afastados, podem realizar a Primeira Comunhão Eucarística e receber o sacramento da Crisma junto com os catecúmenos. No entanto, para isso, devem celebrar o sacramento da Penitência antes dessa celebração.

Os catecúmenos serão orientados pelos catequistas a escolher um padrinho, uma madrinha ou um casal de padrinhos para acompanhá-los em seu processo de iniciação cristã e, ao longo de sua vida, zelarem por sua perseverança na fé. Os critérios apontados pelo RICA (n. 10) são: o padrinho e/ou madrinha tenha maturidade para desempenhar esse ofício; esteja iniciado nos três sacramentos, do Batismo, da Crisma e da Eucaristia; pertença à

CATEQUESE NA ESCOLA CATÓLICA

Igreja Católica e, pelo Direito, não esteja impedido de exercer tal ofício. Todavia, um cristão batizado pertencente a outra Igreja ou comunidade separada, portador da fé em Cristo, pode ser admitido ao lado do padrinho ou madrinha católica, como padrinho ou testemunha cristã do Batismo.

A catequese com adultos nas Unidades Educativas Maristas encontra seu significado quando percebemos com clareza que "a educação, em seu sentido mais amplo, é o nosso campo de evangelização: nas instituições escolares, em outros projetos pastorais e sociais e nos contatos informais" (MEM, n. 76). Nos diversos ambientes educacionais maristas devemos facilitar a iniciação sacramental aos que a pedem e precisamos "acompanhar os jovens que creem a um encontro mais próximo com Jesus Cristo" (MEM, n. 83). Os adultos, educandos da EJA e seus familiares ou colaboradores das Unidades Educativas, através da catequese de iniciação cristã, terão de adquirir uma "formação religiosa mais sólida para que possam estar mais bem preparados para transmitir sua fé e sua esperança cristãs aos seus companheiros e a serem eles próprios líderes cristãos" (MEM, n. 89).

ROTEIRO DE CATEQUESE COM OS ADULTOS

TEMPO	ORIENTAÇÃO	PERÍODO	TEMAS PARA SEREM TRABALHADOS NOS ENCONTROS
PRÉ-CATECUMENATO	É o tempo da evangelização em que, com firmeza e confiança, se anuncia o Deus vivo de Jesus Cristo, enviado por ele para a salvação de todos, a fim de que os não cristãos, cujo coração é aberto pelo Espírito Santo, creiam e se convertam livremente ao Senhor, aderindo lealmente àquele que, sendo o caminho, a verdade e a vida, satisfaz e até supera infinitamente a todas as suas expectativas espirituais (RICA, n. 9).	Os encontros abordando os temas sugeridos devem acontecer durante os meses de fevereiro, março, abril e maio.	1. Minha história de vida 2. Meu projeto de vida 3. A pessoa humana e suas relações 4. A vida de Jesus a partir dos Evangelhos 5. A fé: dom de Deus

CELEBRAÇÃO DA ENTRADA NO CATECUMENATO

TEMPO	ORIENTAÇÃO	PERÍODO	TEMAS PARA SEREM TRABALHADOS NOS ENCONTROS
CATECUMENATO	Após a Celebração de Entrada no Catecumenato, os catecúmenos, cercados pelo amor e pela proteção da Mãe Igreja, como que pertencendo aos seus e unidos a ela, já fazem parte da família de Cristo: são alimentados pela Igreja com a Palavra de Deus e incentivados por atos litúrgicos (cf. RICA, n. 18).	Da 1ª semana de junho até a Quarta-feira de Cinzas do ano seguinte	DEUS VEM AO ENCONTRO DO HOMEM • A revelação de Deus • A transmissão da revelação de Deus • Nosso Deus é comunhão – A Santíssima Trindade • Os Dez Mandamentos

CATECUMENATO	O catecumenato é um espaço de tempo em que os candidatos recebem formação e exercitam-se praticamente na vida cristã. Desse modo, adquirem madureza as disposições que manifestaram pelo ingresso nessa etapa (RICA, n. 19).	Celebração da Palavra com primeiros exorcismos[1]
		A SAGRADA ESCRITURA – CARTA DE AMOR DE DEUS AO SEU POVO
		• Inspiração e verdade da Escritura
		• O Primeiro Testamento
		• O Segundo Testamento
		Celebração da Palavra com bênção dos catecúmenos
		A IGREJA – POVO DE DEUS, CORPO DE CRISTO, TEMPLO DO ESPÍRITO SANTO
		• O ser da Igreja: identidade e missão
		• A constituição hierárquica da Igreja
		• Os sete sacramentos da Igreja
		• Maria – Mãe de Cristo, Mãe da Igreja
		• A comunhão dos Santos
		Celebração da Palavra (presidida por um presbítero ou diácono) com unção dos catecúmenos
		A VIDA EM CRISTO
		• A Ressurreição de Jesus – Fundamento da fé cristã
		• A dignidade da pessoa humana
		• Comprometer-se com a transformação do mundo
		• Alguns referenciais: Marcelino Champagnat, Dom Helder, Irmã Dorothy, Dom Oscar Romero, Madre Teresa de Calcutá
		Entrega do Símbolo (Esta celebração deverá acontecer no mês de dezembro, encerrando o ano)

---

[1] Esta celebração encontra-se no RICA.

| CATECUMENATO | | | • Se houver possibilidade de o grupo de catequese se reunir antes da Celebração da Entrega da Oração do Senhor, todos os encontros realizados deverão ajudar os catecúmenos a fazerem uma revisão do que aprenderam e vivenciaram. |
| | | | Entrega da Oração do Senhor (Esta celebração deverá acontecer antes do início da Quaresma) |

CELEBRAÇÃO DA ELEIÇÃO OU INSCRIÇÃO DOS NOMES (Após a Quarta-feira de Cinza, se possível no 1º Domingo da Quaresma)

TEMPO	ORIENTAÇÃO	PERÍODO	TEMAS PARA SEREM TRABALHADOS NOS ENCONTROS
PURIFICAÇÃO E ILUMINAÇÃO	O tempo de purificação e iluminação dos catecúmenos é normalmente a Quaresma. De fato, na liturgia e na catequese, pela comemoração ou preparação para o Batismo e pela penitência, a Quaresma renova a comunidade dos fiéis, juntamente com os catecúmenos, e os dispõe para a celebração do mistério pascal, ao qual os sacramentos de iniciação associam cada um (RICA, n. 21).	Durante o tempo da Quaresma	Durante a 1ª e a 2ª Semana da Quaresma o catequista deve realizar alguns encontros trabalhando o seguinte tema: A Oração na Vida Cristã
			3ª Semana: Celebração – Primeiro Escrutínio
			4ª Semana: Celebração – Segundo Escrutínio
			5ª Semana: Celebração – Terceiro Escrutínio

CELEBRAÇÃO DOS SACRAMENTOS DA INICIAÇÃO CRISTÃ (Na Vigília Pascal ou durante a oitava da Páscoa)

Os sacramentos do Batismo, da Confirmação e da Eucaristia constituem a última etapa. Os eleitos, tendo recebido o perdão dos pecados, são incorporados ao povo de Deus, tornam-se seus filhos adotivos, são introduzidos pelo Espírito Santo na prometida plenitude dos tempos e, ainda, pelo sacrifício e refeição eucarística, antegozam do Reino de Deus (RICA, n. 27).

TEMPO	ORIENTAÇÃO	PERÍODO	TEMAS PARA SEREM TRABALHADOS NOS ENCONTROS
MISTAGOGIA	A recente participação nos sacramentos, assim como favorece a compreensão das Sagradas Escrituras, também aumenta o conhecimento dos homens e reflete-se na experiência comunitária, tornando mais fácil e proveitoso para os neófitos o relacionamento com os outros fiéis. Por esse motivo, o tempo da mistagogia é de grande importância para que os recém-batizados, com o auxílio dos padrinhos, entrem em relações mais estreitas com os fiéis e adquiram, assim, novo impulso e nova visão das coisas (RICA, n. 39).	Durante o tempo da Páscoa	A LITURGIA: AÇÃO DE DEUS EM FAVOR DO SEU POVO • A celebração do mistério pascal • O Ano Litúrgico
CELEBRAÇÃO DA SOLENIDADE DE PENTECOSTES			

BIBLIOGRAFIA

BENTO XVI. *Deus caritas est*. São Paulo: Paulinas, 2006.

BÍBLIA SAGRADA. Tradução da CNBB. 7. ed. 2008.

BRIGHENTI, Agenor. *A Igreja do futuro e o futuro da Igreja*. São Paulo: Paulus, 2001.

CATECISMO da Igreja Católica. São Paulo: Edições Loyola, 2000.

CELAM. *Documento de Aparecida*. Texto conclusivo da V Conferencia Geral do Episcopado Latino-Americano e do Caribe. São Paulo: Paulus, 2007.

_____. *A caminho de um novo paradigma para a Catequese* (III Semana Latino-Americana de Catequese). Brasília: Edições CNBB, 2008.

CNBB. Evangelização e missão profética da Igreja – Novos desafios. *Documentos da CNBB*, n. 80. São Paulo: Paulinas, 2005.

_____. Diretório Nacional de Catequese. *Documentos da CNBB*, n. 84. São Paulo: Paulinas, 2006.

_____. A evangelização da juventude. *Documentos da CNBB*, n. 85. São Paulo: Paulinas, 2007.

CONCÍLIO VATICANO II. Constituição Dogmática *Lumen Gentium*. Petrópolis: Vozes, 2000.

CONGREGAÇÃO PARA O CLERO. *Diretório Geral para a Catequese*. São Paulo: Paulinas/Edições Loyola, 1999.

FORTE, Bruno. *A teologia como companhia, memória e profecia*. São Paulo: Paulinas, 1991.

LELO, Antonio Francisco. *A iniciação cristã*; catecumenato, dinâmica sacramental e testemunho. São Paulo: Paulinas, 2005.

_____. *Catequese com estilo catecumenal*. São Paulo: Paulinas, 2008.

LIBANIO, João Batista. *As lógicas da cidade*; impactos sobre a fé e sob o impacto da fé. São Paulo: Edições Loyola, 2001.

LORSCHEIDER, Aloísio. Linhas mestras do Concílio Vaticano II. *Vida Pastoral*, São Paulo, jul./ago. 2005.

MISSÃO Educativa Marista; um projeto para o nosso tempo. 2. ed. São Paulo: Comissão Internacional de Educação Marista, 2000.

NUCAP. *Iniciação à Eucaristia*. São Paulo: Paulinas, 2008.

_____. *Testemunhas do Reino*. São Paulo: Paulinas, 2008.

PAULO VI. *Evangelii Nuntiandi*. São Paulo: Paulinas, 1976.

RITUAL de Iniciação Cristã de Adultos. São Paulo: Paulus, 2001.

SAMMON, Seán D. *Tornar Jesus Cristo conhecido e amado*; a vida apostólica Marista hoje. Circulares do Superior-Geral dos Irmãos Maristas. v. XXXI, n. 3, 6 jun. 2006 (CAM-2006, p. 15).

SANCHES, Mário Antonio. Espiritualidade e ciência na sociedade do conhecimento. *Revista de Estudos Teológicos*, out. 2008.

ANEXO

Depoimentos sobre a catequese na Escola Marista

Setor bíblico-catequético da CNBB

"Adultos na fé, agentes de transformação da sociedade"

A religião, na atual sociedade, exerce seu papel no aspecto subjetivo. Tudo aquilo que confere sentido à totalidade da vida humana, como a questão do sofrimento, do mal, da morte, do sentido da vida, agora se transfere para a esfera da intimidade dos indivíduos, submetidos ao arbítrio de cada um.

Dessa forma, a religião transforma-se em objeto de escolha pessoal, assunto inteiramente privado, independentemente do aspecto institucional, e cada vez mais fragmentado. É nesse cenário que se trava a luta das instituições, da família, da escola, da Igreja, para que o indivíduo, ao preservar sua individualidade, não deixe cair na obscuridade a sua dimensão relacional, dialógica e transcendental. É através do resgate da plenitude, da essência do *humano*, expressa na relação e no cuidado com o *outro*, com a *natureza* e com *Deus*, que as instituições de ensino tentam suscitar e promover no seu jeito de ser e agir.

Com as mudanças profundas ocorridas na sociedade, constata-se cada vez mais o fenômeno da secularização e descristianização. Com isso, a Igreja volta a descobrir a urgência da evangelização, entendida como primeiro anúncio para populações de longa tradição cristã que, apesar de terem recebido os sacramentos de iniciação, não foram suficientemente evangelizadas e iniciadas.

Na realidade atual, ser cristão já não é algo espontâneo como na época da cristandade, quando a transmissão da fé se dava no âmbito institucional da família, da escola e da sociedade. Numa sociedade mergulhada na cultura pós-moderna, ser cristão é uma questão de opção pessoal e não tanto de tradição, costume familiar, grupal ou social. Somos impelidos pelo contexto a voltar às fontes do Cristianismo através de uma catequese de caráter evangelizador e iniciático.

Nesse contexto de pós-modernidade em que se vislumbra uma sociedade cada vez mais secularizada, há necessidade de a escola resgatar a sua missão de *mãe* que exerce a maternidade na educação da fé de seus filhos e filhas. Dentro das suas possibilidades, a escola garante-lhes a transmissão da fé, que traz no seu bojo os princípios cristãos da ética, da solidariedade, da justiça e do respeito. Há necessidade de novos conteúdos e novas metodologias que respondam ao clamor da nova geração de cristãos, que buscam uma experiência vital, capaz de resgatar e devolver-lhes o sentido da vida.

Portanto, esse Projeto vem responder aos desafios atuais na sua consistência bíblica, teológica e metodológica, tendo como foco a evangelização de adultos. Tem um caráter propositivo e o cuidado de preservar a identidade institucional no que tange à formação cristã, nesse caso a formação de adultos na fé, agentes de transformação da sociedade.

Há uma peculiaridade no desenvolvimento do processo marcado pela dedicação, zelo e competência dos seus organizadores, estabelecendo uma comunhão com as orientações da Igreja no Brasil. Isso possibilitou que a ação catequética não tivesse um cunho "escolarizado", mas *comunitário*. É possível tecer laços de relações fraternas e comunitárias no âmbito acadêmico, desde que se tenha um direcionamento claro.

CATEQUESE NA ESCOLA CATÓLICA

O Projeto vai potencializar o que a ação Marista semeou, plasmou e desenvolveu ao longo do tempo na educação e evangelização de tantas pessoas.

Congratulo-me com essa instituição de ensino pela iniciativa audaciosa e corajosa em apresentar uma proposta de formação cristã em tempos de mudança de época, num ambiente que forja o saber comprometido com a plenitude do ser humano.

Ir. Zélia Maria Batista
(catequista franciscana, é formada em Comunicação Social pela UFPR e
especialista em Pedagogia-catequética pela PUC-GO; assessora nacional da
Comissão para Animação Bíblico-catequética – CNBB)

EJA – Escola Marista Champagnat de Belém-PA

Nossa escola trabalha com a Educação de Jovens e Adultos (EJA), educandos na faixa etária de quinze anos em diante. São provenientes de uma classe social que, em vários aspectos, é desfavorecida em nossa sociedade, principalmente em se tratando da escolaridade.

O desenvolvimento da pastoral na EJA, em nossa escola, segue a proposta de uma Escola em Pastoral. Objetiva, com isso, que seja uma instância unitária de humanização de toda a realidade educacional, cuidando da eficácia da estrutura funcional, dos educadores, dos educandos e suas famílias. Busca novas metodologias, de acordo com uma educação baseada na visão integral da pessoa humana. Nosso fundador, Marcelino Champagnat, considerava a escola um espaço oportuno para conduzir as crianças e os jovens à experiência de fé pessoal e *fazê-los bons cristãos e virtuosos cidadãos*. "Para nós, educação é um meio privilegiado de evangelização e promoção humana" (*Água da Rocha*, p. 52, n. 146).

Trabalhamos na pastoral catequética preparando os alunos para os sacramentos do Batismo, Primeira Eucaristia, Crisma e Matrimônio. Este ano, nossa Pastoral Sacramental seguirá o calendário litúrgico proposto pela Igreja, com a culminância em maio do ano vindouro, e não em novembro como de costume. Dos nossos educandos que frequentam a catequese, poucos são os que receberam o primeiro sacramento, o Batismo. Nesse caso, a maioria prepara-se para a Primeira Eucaristia, Crisma e Matrimônio. A preparação para o sacramento do Matrimonio é recente na Pastoral da Escola e representa nosso maior desafio. Isso porque algumas pessoas afirmam o seguinte: "Casamento é uma forca", "Casamento é perder a liberdade", "Pra que casar, se viver junto está bom?". Na verdade, essas ideias constituem poderosa ideologia pós-moderna que apregoa o individualismo, o não compromisso cristão com a família e os modismos de religiosidade entre a juventude. Procuramos mostrar, ao contrário, que o matrimônio sempre foi desejado por Deus, desde o princípio, com o primeiro casal. Em Jesus Cristo, encontramos um defensor da família (cf. Mc 10,6-9). Além da pastoral catequética, nossos educandos têm a chamada Noite de Formação: um tempo de quatro horas-aula distribuídas entre dinâmicas de entrosamento, partilha de experiências de vida, trabalhos em grupos e momentos de oração.

Contamos com as bênçãos de Jesus, da Boa Mãe e de São Marcelino Champagnat para iluminar nossa Escola em Pastoral.

Colégio Dom Silvério, Belo Horizonte-MG

Para mim, ser catequista é uma bênção, um dom de Deus. Todos nós somos chamados a ser colaboradores em seu projeto de amor, cada um com seu talento, seu carisma, projetando para o mundo a imagem mais bonita e

CATEQUESE NA ESCOLA CATÓLICA

perfeita de Deus através de ações, atitudes de solidariedade e fraternidade com nossos semelhantes.

O Colégio Marista é um exemplo vivo do sonho de Deus para com seus filhos.

Aqui deixo a minha gratidão pela oportunidade que tive de fazer parte desta caminhada, na qual exercito uma espiritualidade que me faz mais digna de ser chamada filha de Deus.

Ser catequista no Colégio Marista é uma riqueza que enche de alegria o meu ser. Aqui, convivo com pessoas que nos oferecem o Reino de Deus através do acolhimento e apoio dado a nós, aos catequistas e aos pais.

A Pastoral nos ajuda nesse caminho de iniciação da fé dos catequizandos e também no crescimento de nossa vida de oração.

A minha convivência com as crianças é uma rica troca de experiência, respeito e amor. A cada encontro, sinto-me mais realizada como mãe e catequista, respondendo sempre com um "sim" ao chamado de Deus, às crianças e ao Marista.

Agradeço a oportunidade de fazer parte deste trabalho que nos ajuda a crescer em sabedoria e graça, como Jesus, diante de Deus e dos homens.

Deus abençoe!

Marina
(catequista voluntária)

Ser catequista

Ser catequista no Colégio Marista Dom Silvério é evangelizar com o objetivo de formar cidadãos responsáveis com a capacidade de transmitir e viver os ensinamentos de Jesus, tentando assim realizar o sonho de São

Marcelino Champagnat: construir um mundo melhor, mais solidário para todos.

Com a colaboração do Colégio Marista Dom Silvério, e principalmente de nosso coordenador Ênio, fica muito mais fácil ser catequista voluntária.

Eu sempre agradeço a Deus por ter sido chamada para esta missão.

Miriam Lage Soares
(catequista)

Colégio Marista São Luís – Recife-PE

Sou mãe da aluna Júlia Peres de Freitas, da 5ª série D, do Ensino Fundamental II, que este ano fez a sua Primeira Eucaristia. Quero, por essa razão, dar um depoimento sobre a preparação que o Colégio Marista São Luís realizou.

No ano passado, quando começaram os preparativos para o início da catequese, soube que a preparação para a Primeira Eucaristia seria de um ano e meio. Confesso que me assustei. Como a maioria das pessoas, também sou um pouco imediatista e achei que era tempo demais. Por que não manter, como sempre foi, um ano de preparação?

Na primeira reunião foi exposta a motivação desse novo período de preparação. Também foi dito que a época da realização da Primeira Eucaristia seria a Páscoa, e também a forma como aconteceriam os encontros de catequese, ou seja, o lado prático.

A partir da reunião e do modo como foi exposto e tratado o tema, passei a ver com outros olhos as mudanças. O fato de ter sido realizada na época de Páscoa teve um significado muito bonito para nós cristãos.

CATEQUESE NA ESCOLA CATÓLICA

Nas reuniões que se seguiram, de forma bastante agradável, foram tiradas as dúvidas dos pais. Do mesmo modo, sempre foi explicitada a importância do acompanhamento da família, e em especial dos pais, no preparo da catequese das crianças, lembrando que não adiantaria fazer a Primeira e, talvez, a única Eucaristia. A família recebeu o recado, de maneira clara, repetida e bem colocada, da sua importância e do seu papel junto aos seus filhos nesse momento.

Houve também um acontecimento muito especial: o retiro feito pelas crianças com os catequistas. Apesar de não ser vivenciado diretamente com a família, senti que foi fundamental para a formação e preparação dos alunos.

O fato de a Primeira Eucaristia ser realizada na capela da escola, e não mais na quadra coberta, também é de grande importância em todos os sentidos, desde o religioso, posto que a capela é o local indicado, até o conforto dos alunos e das famílias convidadas.

Quanto à realização propriamente dita, também houve uma consideração especial em relação a minha filha, pois, no dia marcado, eu e meu marido não poderíamos estar presentes. Mais uma vez, o departamento de catequese, representado por Sandro, foi bem acolhedor comigo e marcamos uma nova data. A cerimônia foi linda.

O Colégio Marista São Luís do Recife está de parabéns pela forma como conduziu a catequese e a realização da Primeira Eucaristia dos alunos no biênio 2009/2010.

Daniella Camara Pontual Peres de Freitas

Sacramento da Crisma

A Crisma, ou Confirmação, é um sacramento que fortalece o cristão para que persevere na sua vida espiritual, dando testemunho de Jesus Cristo.

O Colégio Marista São Luís, com muita responsabilidade e dedicação, prepara os nossos filhos para receberem esse sacramento.

Temos dois filhos, alunos do Marista. O mais velho foi crismado no ano passado; a mais nova está se preparando para se crismar no próximo ano.

Os adolescentes, durante todo o ano e mais alguns meses, participam de encontros semanais, nos quais fazem reflexões acerca da vivência da fé, da vida em comunidade, dos problemas sociais e do papel do cristão na nossa sociedade. Fazem a leitura da Bíblia e são estimulados a tomar parte da liturgia da Igreja Católica.

Também realizam um estágio, trabalhando junto às crianças que estão se preparando para a Primeira Eucaristia, engajando-se na Pastoral Juvenil Marista – PJM, ou em grupos de jovens das paróquias.

Além dos encontros semanais, são realizados retiros espirituais, para que os adolescentes, reunidos em grupos, reflitam sobre a sua fé e compartilhem com os demais seus ideais cristãos.

Muito importante, também, durante esse período de preparação, é a visita realizada à Fazenda Esperança, onde eles têm a oportunidade de conhecer e conversar com outros jovens, dependentes químicos em recuperação, e ouvir testemunhos de superação que jamais serão esquecidos.

A celebração da Crisma é preparada de forma muito especial. É um momento lindo, alegre, de muita emoção para os crismandos e para todos os familiares.

Ficamos felizes em poder acompanhar toda essa caminhada. Agradecemos aos catequistas por trabalharem com toda a dedicação e carinho. E ao Colégio, por promover, de forma tão responsável, esse período de

CATEQUESE NA ESCOLA CATÓLICA

preparação, para que a celebração da Crisma não se torne apenas um evento social, mas um acontecimento de especial significado na vida dos nossos filhos.

Obrigado a todos.

Guido e Ana Emília

Colégio Marista de Natal-RN

Nossa família tem imensa alegria e prazer de contar com duas filhas participando da Primeira Eucaristia e da Crisma. É muito gratificante ver que os ensinamentos aprendidos na catequese e na vida familiar estão sendo postos em prática no cotidiano das nossas filhas. Isso tudo é fruto do trabalho diário em que a família, a escola e a comunidade cristã entram em comunhão formando indivíduos íntegros, preocupados com um mundo mais justo e fraterno, baseados nos princípios de São Marcelino Champagnat.

Mônica Bezerra, mãe de Maria Clara (Crisma)
e Maria Paula (Primeira Eucaristia)

Colégio Marista São José – Rio de Janeiro-RJ

A catequese do Colégio Marista São José representou crescimento para os meus filhos e minha família.

Crescemos muito, influenciados pelos encontros dinâmicos, reflexões e estudos bíblicos vivenciados pelos meus filhos Túlio Ravel, na Crisma, e Maira Ravel, na preparação para a Primeira Eucaristia.

A opção pela catequese do Colégio Marista foi devida à valorização de orientações e ensinamentos voltados para a vivência dos valores cristãos, o exercício da cidadania e a busca pela espiritualidade marista através do fundador São Marcelino Champagnat: "Formar bons cristãos e virtuosos cidadãos".

Os momentos de formação foram contagiantes e motivadores de uma prática solidária. O Projeto foi concretizado em visitas e atividades desenvolvidas com crianças de uma creche da cidade de Montes Claros – MG, cuja culminância aconteceu no dia da Primeira Eucaristia, no momento do ofertório, num gesto de partilha e amor ao próximo.

Foi uma ação que sensibilizou todos os catequizandos e seus pais, pois, além da entrega de brinquedos, houve uma construção de laços de amizade, respeito e convivência fraterna.

Fabíola Batista Nunes

Colégio Marista de Aracati-CE

O Colégio Marista de Aracati é um centro de evangelização para a Paróquia de Nossa Senhora do Rosário, não só por ter compromisso eclesial e social, mas por abrir as suas portas para o trabalho catequético com crianças que não pertencem ao núcleo educacional Marista. É esse diferencial que faz com que os maristas sejam vistos como protagonistas em várias frentes em Aracati, pois eles não se excluem da participação social e ainda convidam a comunidade local para fazer parte da sua história. A catequese é um exemplo muito positivo, pois vemos as crianças de outras escolas serem acolhidas com carinho e dedicação, fazendo parte ativamente da vida da nossa paróquia.

Aracati tem poucos centros de catequese nos bairros, por isso há necessidade de a escola abrir suas portas para o serviço de evangelização e catequese. Esse trabalho teve início com os primeiros Irmãos Maristas que chegaram a Aracati, quando perceberam que poderiam ser mais que professores. O Ir. Manuel Elói foi um marco na catequese de Aracati. Ele trouxe a comunidade aracatiense para dentro da escola e levou a escola para a comunidade, fazendo da catequese um espaço de vida e crescimento na fé. Por isso, o Marista acolhe todos os que desejam conhecer e amar mais a Jesus através da vivência sacramental.

Catequistas do Colégio Marista e da Paróquia de Aracati

Colégio Marista Nossa Senhora da Conceição – Recife-PE

Catequizandos

Para nós, a catequese nos prepara para o conhecimento sobre Jesus. A nossa família ajuda a permanecer na fé, porque participa da missa. Queremos participar, sabendo mais sobre Jesus Cristo. Participar de grupos na Escola (PJM e IAM) e na Paróquia (MEJ/Grupo jovem ou outra coisa).

Beatriz Pítiá e Kayssa Silva

(grupo de 2010)

No início da catequese eu participava também do culto dominical da Assembleia de Deus. Continuando nos encontros do Colégio, percebi que o que eu queria era o catolicismo (como a maioria da minha família); então, deixei de ir aos cultos. Hoje participo das missas na minha paróquia junto com minha mãe. Eu gosto de comungar.

Rhayanne Gabryelle

(grupo de 2009)

Minha preparação foi uma experiência maravilhosa. Depois da realização da Primeira Eucaristia, sinto-me mais próxima de Deus. O retiro realizado em 2009 despertou em mim a necessidade dessas paradas para reflexão pessoal. Então, deixei o vento me levar ao guiar de Deus.

Kimberley
(grupo de 2009)

A catequese é importante para saber sobre Deus e as coisas que ele criou. Saber sobre Jesus, aprender a ler a Bíblia.

Milena Maria da Silva Aguiar e Camila Francine Lopes da Silva
(grupo de 2010)

Catequista

O início do trabalho com o material do Nucap parecia desafiador, porém, ao longo do percurso de preparação, tivemos resultados excelentes. A participação dos pais durante os encontros foi muito satisfatória, construindo um espaço de família. Alguns momentos vividos com os catequizandos e seus parentes nos mostraram a riqueza dessa parceria. A solidariedade, a colaboração e a participação foram fatores importantes no processo de formação de fé das crianças e das suas famílias.

Ver hoje as crianças tomando parte de atividades pastorais na escola e em suas paróquias deixa o sentimento bom do dever comprido. A maior riqueza do plano de catequese é saber onde estamos pisando e ter um olhar focado aonde queremos chegar. Durante esses cinco anos de meu trabalho com catequese no Colégio, este foi o ano em que percebi as crianças e os adolescentes focados, desde a preparação dos encontros, as várias vivências, até o retiro final e a própria celebração eucarística. O Pe. Luis Carlos, que os atendeu em confissão, ressaltou a importância das experiências de oração dos catequizandos.

Acredito que vamos acertando; e a proposta deste plano foi um grande acerto da Província Marista do Brasil Centro-Norte.

Conceição Ferreira
(catequista)

Pais

Vejo a importância da catequese para conhecimento da Palavra de Deus, preparando melhor os nossos filhos para a vida cristã. Sou católica, mas não ia nem vou muito à Igreja. Minha filha, antes da catequese, participava da escola dominical na Igreja evangélica. Eu deixava, porque era perto de casa e ela ia sozinha. Quando se inscreveu para participar da catequese no Colégio, eu concordei, e acabou trazendo com ela também outras meninas que moram perto de nós. Nos encontros que a família também participava, eu percebia o interesse dela. Hoje é ela quem me chama para ir às missas. Foi muito bom ela ter participado da catequese.

Diva Silvino da Silva
(mãe de Eduarda Virginia – grupo de 2009)

A catequese é importante porque leva, para as crianças, os ensinamentos da Sagrada Escritura e da Igreja. O objetivo é que elas sejam pessoas de bem e pratiquem o amor de Jesus.

Clóvis da Silva Aguiar
(pai de Milena Maria da Silva Aguiar – grupo de 2010)

Colégio Marista Nossa Senhora de Nazaré – Belém-PA

O meu filho Jorge, que fez a Primeira Eucaristia recentemente, trouxe para nossa família excelentes depoimentos de fé cristã e de amor ao próximo durante este período. Seria interessante se as crianças continuassem engajadas em um ciclo de trabalho em prol dos mais carentes, de nossos irmãos mais necessitados, que são filhos de Deus como nós.

A importância está em fazer as nossas crianças se conectarem com o nosso Cristo e com a nossa religião, durante um período de pelo menos dois anos. E o que é mais importante do que ter o Cristo na vida?

A pastoral é um trabalho interessante e deve incentivar nossos pré-adolescentes a motivarem-se.

Maria Emília Tostes
(mãe do aluno Jorge Tostes – 7ª série)

Como pais católicos, temos a missão de evangelizar nossos filhos. Devemos refletir com eles que nenhuma pessoa neste mundo deve viver sem a certeza de que temos um Pai criador, que nos formou e que nos guia em todos os momentos de nossa vida. Para isso, faz-se necessário o aprendizado das doutrinas de nossa religião, o que se dá na catequese. É nela que se inicia verdadeiramente, na minha visão, a vida cristã de nossos filhos, pois normalmente eles já estão na idade e em condição de decidir, por si sós, o caminho que devem seguir. É claro, sempre orientados pelos pais, pela escola e pela Igreja. É o "sim" para uma vida de fé cristã.

Após a catequese de meu filho, nos alegramos ao perceber as mudanças ocorridas em sua vida. Foram mudanças tanto de comportamento quanto de fé. Ele tornou-se uma pessoa mais religiosa, surpreendendo-nos cada vez que tivemos o contato direto com momentos e emoções em que somente a fé poderia transformar a nossa vida. O que ele tem aprendido até o momento, através da catequese, faz com que supere momentos ruins e nos ajude a entender o que está se passando. O fato é que até mesmo nós, pais, fraquejamos em nossa fé, pois, hoje, com o dia a dia corrido que temos, acabamos nos tornando um pouco mais distantes de nossa religião. Enfim, foi através da catequese que meu filho se tornou um cristão evangelizador. Ele ainda tem muito a aprender, a caminhar, mas um passo importante foi

CATEQUESE NA ESCOLA CATÓLICA

dado. Não devemos deixar de lembrar que somos anunciadores da Palavra de Deus e que temos de começar por nós mesmos e pela nossa família.

Raimundo e Alda Alves
(pais do aluno Gabriel Alves – 6ª série)

A catequese é um momento de grande importância no processo de formação da criança, do jovem e do adulto. Sua relevância é tal que não se resume à preparação para a Primeira Eucaristia, mas dá início a um caminho inesgotável de vivências do ser cristão, através dos ensinamentos de Jesus Cristo.

O Colégio Marista Nossa Senhora de Nazaré, empenhado nessa formação para a vida, oferece às suas crianças e jovens uma evangelização que lhes permite apreender a Palavra de Cristo e torná-la viva em suas ações. E prepara-os para enfrentar o mundo, assumindo um compromisso pela fé no testemunho de Jesus Cristo.

Os encontros preparados pelos catequistas são dinâmicos e vão além da teoria. São promovidas atividades que incentivam aqueles que participam a ter a oportunidade de colocar em prática a Palavra do Cristo através de ações junto à comunidade.

Sylvia Camacho
(mãe do aluno Lucas Camacho – 7ª série)

Colégio Marista Araçagy-MA

Não posso ver uma criança sem ter vontade
de lhe ensinar o catecismo
e de dizer-lhe o quanto Jesus Cristo a ama.
(Marcelino Champagnat)

Sinto-me encantada com o benquerer de Champagnat às crianças e aos jovens, e com seu compromisso de tornar Jesus Cristo conhecido e amado entre eles. Isso me faz feliz e realizada em ser catequista de Primeira Eucaristia no Colégio Marista Araçagy.

A catequese preenche o meu coração e a minha vida.

Não há dinheiro que pague a nossa felicidade em ver aquelas crianças e jovens, pela primeira vez, emocionados, ansiosos e felizes por receberem diante deles o Corpo de Jesus Cristo Vivo e Ressuscitado.

Fico feliz também de receber, depositada em minhas mãos, tamanha responsabilidade, que é a preparação para a realização desse sacramento. Trabalhar para o crescimento do Reino de Deus é o que dá maior sentido a nossa vida. Sinto-me apoiada na escola por todos os que acreditam que no Marista um outro mundo é possível, com Jesus, e à sombra do estandarte de Maria.

Conceição de Maria Hiluy Rocha
(catequista de Primeira Eucaristia)

CATEQUESE NA ESCOLA CATÓLICA

Colégio Marista de Patamares – Salvador-BA

Meu nome é Ranuzia e meu esposo chama-se Adriano. Somos pais de Raquel Nery e Rafael Nery, estudantes do Colégio Marista de Patamares, Salvador – BA.

Há pouco mais de seis meses, tivemos a grande graça de ver a Raquel, com onze anos, experimentar a alegria de viver a sua Primeira Eucaristia. Também para nós foi um grande momento de alegria, emoção e gratidão a Deus, por crermos que de fato ela foi formada para este grande encontro com Cristo. A certeza de que foi formada na catequese é vermos nela a postura e o reflexo dessa formação. Isso nos leva a perceber a seriedade e o compromisso Marista, expressado na vivência e na beleza litúrgica da Primeira Eucaristia.

Que Deus a abençoe, para que permaneça sempre fiel ao carisma.

Adriano e Ranuzia
(consagrados da Comunidade Católica Shalom)

Impresso na gráfica da
Pia Sociedade Filhas de São Paulo
Via Raposo Tavares, km 19,145
05577-300 - São Paulo, SP - Brasil - 2010